SAMMLUNG TUSCULUM

ARISTOTELES / APULEIUS

ÜBER DIE WELT

Griechisch–lateinisch–deutsch

Herausgegeben und übersetzt
von Kai Brodersen

DE GRUYTER

ISBN 978-3-11-062768-8
e-ISBN (PDF) 978-3-11-067045-5

Library of Congress Control Number: 2019949183

Bibliografische Information der Deutschen Nationalbibliothek
Die Deutsche Nationalbibliothek verzeichnet diese Publikation in der Deutschen Nationalbibliografie; detaillierte bibliografische Daten sind im Internet über http://dnb.dnb.de abrufbar.

Für Einbandgestaltung verwendete Abbildungen:
Cologny (Genève), Fondation Martin Bodmer, Cod. Bodmer 52: 6v/7r
(www.e-codices.unifr.ch)

Satz: Kai Brodersen, Erfurt
Druck und Bindung: Hubert & Co. GmbH & Co. KG, Göttingen

♾ Gedruckt auf säurefreiem Papier
Printed in Germany

www.degruyter.com

INHALT

EINFÜHRUNG

Zwei Werke *Über die Welt*

Zwei Werke *Über die Welt* werden in diesem Band vorgestellt. Das griechische Buch *Peri Kosmou* wird dem Aristoteles zugeschrieben, das lateinische *De Mundo*, eine freie Übersetzung des eben genannten Buches, dem Apuleius. Beide Werke gliedern sich zwischen Prooimion und Schluss in drei Teile; in den letzten Spalten der folgenden Tabelle stehen die Abschnitte bei Ar(istoteles) bzw. Ap(uleius):

Prooimion		Ar 1	Ap Pr
I	Die Welt		
I 1	Der kugelförmige Kosmos	Ar 2	Ap 1
I 2	Äther: Himmel und Sterne		Ap 2
I 3	Feuer, Luft, Erde und Wasser	Ar 2–3	Ap 3–4
II	Die Erde		
II 1	Geographie: Inseln, Meere, *Oikoumene*		Ap 5–8
II 2	Meteorologie: Feuchte und trockene Dämpfe	Ar 4	Ap 8–16
II 3	Geologie: Erd- und Seebeben		Ap 17–19
III	Das Heil der Welt		
III 1	Die kosmische Harmonie	Ar 5	Ap 20–23
III 2	Die Ursache der Heils: Gott	Ar 6	Ap 24–36
Schluss		Ar 7	Ap 37–38

Aristoteles

Aristoteles war ein bedeutender griechischer Philosoph. 384 v. Chr. kam er in Stageira an der Ostküste der makedonischen Halbinsel Chalkidike zur Welt; sein Vater Nikomachos war Leibarzt des makedonischen Königs Amyntas III. Im Jahr 367 v. Chr. zog Aristoteles nach Athen und wurde in der Akademie Schüler des großen Philosophen Platon (428/427–348/347 v. Chr.). Nach dessen Tod verließ Aristoteles Athen; laut einer (nicht unumstrittenen) Tradition war er dann nach einigen Reisejahren von 343/342 v. Chr. an für ein paar Jahre auf Einladung des Philippos II., der seinem Vater Amyntas III. als König von Makedonien gefolgt war, Erzieher des jungen Königssohnes Alexandros III. Dieser sollte 336 v. Chr. seinem Vater nachfolgen und als Alexandros d. Gr. berühmt werden. Bald nach dem Herrschaftsantritt des Alexandros kehrte Aristoteles nach Athen zurück, wo er in einem Gymnasion namens Lykeion eine eigene Philosophenschule begründete, die später als Peripatos bekannt werden sollte. Nach dem Tod des Alexandros zog sich Aristoteles aus Athen nach Chalkis auf Euboia zurück, wo er 322 v. Chr. starb. Er gilt als Begründer oder maßgeblicher Entwickler wichtiger Disziplinen wie Naturphilosophie, Biologie, Physik, Logik, Wissenschaftstheorie, Ethik, Staatstheorie und Dichtungstheorie.

Das in diesem Band vorgelegte griechische Buch *Über die Welt* wird in den mittelalterlichen Abschriften, denen allein wir die Kenntnis des Textes verdanken (es gibt zudem mittelalterliche Übersetzungen ins Armenische, Syrische und Arabische), dem Aristoteles zugeschrieben. Wegen der Anrede an einen nicht näher bestimmten Alexandros im Prooimion kann es als ein Werk verstanden werden, das Aristoteles für seinen Schüler Alexandros III. geschrieben hat, auch wenn es merkwürdig wäre, dass Aristoteles diesem schon von der Insel Taprobane berichtet (II 1), die nach antiker Auffassung jener erst auf seinem Feldzug entdecken sollte. Freilich ist diese Identifizierung des Alexandros nicht sicher.

In der Tat ist die Zuschreibung des Werkes an Aristoteles seit der Spätantike bezweifelt worden, so bereits von dem Philosophen Proklos (412–485 n. Chr.). In seinem griechischen *Kommentar zu Platons Timaios* führt dieser bei der Diskussion über das Schicksal in jenem Werk (Platon, *Timaios* 41e) verschiedene bisher vorgeschlagene Deutungen vor (III 272). Er nennt dabei Auffassungen des Alexandros von Aphrodisias, des Aristoteles, des Theodoros von Asine, des Porphyrios und noch einmal des Aristoteles, »wenn denn das Buch *Über die Welt* von jenem ist«. Worauf gründen sich solche Zweifel – und das bis heute?

Erstens findet sich in den Katalogen der Werke des Aristoteles aus der Lebenszeit des Philosophen kein Beleg dafür, dass dieser ein Buch *Über die Welt* verfasst habe. Ein solches fehlt insbesondere in der Aufzählung der naturkundlichen Schriften am Anfang von Aristoteles' Werk *Meteorologie* (338a–339a) und auch in der Zusammenstellung der Werke des Philosophen, die im 3. Jahrhundert n. Chr. Diogenes Laërtios (*Leben und Lehre der Philosophen* 5,22–27) vorgelegt hat. Man hat später sogar versucht, den tatsächlichen Autor zu identifizieren und dabei an Anaximenes von Lampsakos (2. Hälfte 4. Jahrhundert v. Chr.) gedacht, dessen rhetorische Schrift ebenfalls einem Alexandros gewidmet ist (und ebenfalls dem Aristoteles zugewiesen wurde), außerdem an Poseidonios von Apameia (135–51 v. Chr.), dessen Angaben etwa zu Ebbe und Flut (benutzt von Strabon, *Geographie* 1,3,11) denen im Buch *Über die Welt* ähneln, und an Nikolaos von Damaskos (1. Jahrhundert v. Chr.), von dem immerhin der Titel eines sonst verlorenen Werkes *Über alles, was in der Welt ist* belegt ist. Keine dieser speziellen Identifizierungen hat sich aber in der Forschung durchsetzen können, doch ist die allgemeine Ablehnung einer Autorschaft des Aristoteles weitgehender Konsens der neueren Forschung.

Wann also ist das griechische Buch *Über die Welt* tatsächlich entstanden? Unbestreitbar sind als *terminus post quem* nur das Wirken des Aristoteles und als *terminus ante quem* das Wirken des

Apuleius, dem die im vorliegenden Band vorgestellte lateinische Version verdankt wird. Auch ein Zeitgenosse des Apuleius, der platonische Philosoph Maximos von Tyros (2. Jahrhundert n. Chr.), bestätigt wohl diesen *terminus ante quem*: In einer erhaltenen Rede (13,1) behandelt er die Frage, »ob etwas in unserer Macht steht, wenn es Wahrsagung gibt,« und argumentiert dabei ähnlich wie das Buch *Über die Welt* (III 2) mit der Welt als Chor oder Heer und Gott als Chor- oder Heerführer; in einer anderen Rede (3,9) bietet er den auch ebenda gewählten Vergleich mit dem Perserreich. Ein wörtliches Zitat aus dem griechischen Buch findet sich dann wieder bei dem christlichen Philosophen Johannes Philoponos (um 490–um 575 n. Chr.), der in seinem Werk *Über die Ewigkeit der Welt* (6,18 p. 174–175, vgl. auch 179) in Auseinandersetzung mit Proklos eine Passage aus dem Buch *Über die Welt* (III 2) wörtlich zitiert: »Ein altes, von den Vätern ererbtes Wort gibt es bei allen Menschen, dass alles von Gott her und durch Gott besteht und dass kein Wesen für sich allein und sich selbst genügend bestehen kann, wenn es des Heils beraubt ist, das von der Gottheit ausgeht.«

Um eine nähere Eingrenzung des Entstehungszeitraumes zu erreichen, hat man in der Forschung ferner auf sprachliche Elemente verwiesen, so auf den wiederholten Gebrauch der Partikel *kaitoi* im konzessiven Sinn (»auch wenn«), der zur Zeit des Aristoteles noch nicht belegt ist (III 1–2; vgl. Boot 1981) – doch ist damit für eine genauere Datierung nicht viel gewonnen.

Apuleius

Apuleius war ein lateinischer Schriftsteller, Redner und platonischer Philosoph. Berühmt ist er heute vor allem durch seinen Roman *Metamorphoses* (auch bekannt als *Der goldene Esel*) und besonders durch die in den Roman eingefügte Erzählung von *Amor und Psyche*. Er schrieb aber auch Gedichte und Abhandlungen über

philosophische Themen sowie Reden, die uns jedoch nur teilweise erhalten sind.

Apuleius wurde um 123 n. Chr. in eine wohlhabende und einflussreiche Familie römischer Bürger in Madauros (heute M'Daourouch in Nordost-Algerien) in der römischen Provinz *Africa Proconsularis* geboren und starb wohl nach 170 n. Chr. Beim Tod des Vaters erbte Apuleius zusammen mit seinem Bruder das sehr große Familienvermögen. In Karthago, dem kulturellen Zentrum der Provinz, studierte er Rhetorik und Philosophie; seine Vorliebe für den Platonismus führte ihn dann zum weiteren Studium an den Ort der platonischen Akademie nach Athen. In Griechenland ließ er sich auch in Mysterienkulte einführen, was ihm später den Ruf einbrachte, ein Magier zu sein.

Apuleius' Tätigkeit als Redner, der öffentliche Vorträge über klassische – darunter philosophische – Themen hielt, erlaubt es, ihn der sogenannten »Zweiten Sophistik« zuzurechnen, auch wenn Platon einst die alte Sophistik heftig bekämpft hatte; die »Zweite Sophistik« pflegte die klassische Bildung und zielte auch auf eine effektvolle Rhetorik. Später kehrte Apuleius nach Nordafrika zurück und ehelichte in Oea (heute Tripolis in Libyen) eine reiche Witwe, die einige Jahre älter war als er und deren Vermögen so für ihren älteren Sohn, einen Studienfreund des Apuleius, bewahrt blieb. Zugunsten des jüngeren Sohnes der Witwe wurde Apuleius daraufhin angeklagt, er habe die Heirat durch Magie erreicht; der im Jahr 158 oder 159 n. Chr. vor dem Statthalter der Provinz geführte Prozess endete aufgrund seiner (erhaltenen) *Verteidigungsrede* mit einem Freispruch. Apuleius ließ sich später in Karthago nieder; für Zeit und Ort seines Todes fehlen Belege.

In seinen philosophisch-didaktischen Werken *De Platone* (*Über Platon* 2,1) und *De Mundo* (*Über die Welt* Pr) spricht Apuleius im Vokativ *Faustine fili* an, den »Sohn Faustinus«; ob es sich dabei um seinen leiblichen Sohn, einen Schüler, einen jungen Freund oder gar eine fiktive Gestalt handelt, lässt sich allerdings nicht sagen.

Überzeugender ist hingegen die Annahme, dass für Apuleius in seiner Heimatstadt auf Beschluss der Dekurionen (Stadträte) eine Ehrenstatue errichtet wurde. Die Inschrift auf ihrer Basis ist zwar nicht vollständig erhalten, kann aber plausibel ergänzt werden (verlorene Buchstaben werden dabei, wie üblich, in eckigen Klammern geboten, Ausschreibungen der Abkürzungen in runden). Sie lautet:

> *[Apuleio … ph]ilosopho [Pl]atonico [Ma]daurenses cives ornament[o] suo. D(ecreto) d(ecurionum), p(ecunia) [p(ublica)]*
> Dem Apuleius …, dem platonischen Philosophen, die Bürger von Madauros, ihrem Schmuck. (Errichtet) auf Beschluss der Dekurionen aus öffentlichen Mitteln. (*Inscriptions Latines de l'Algérie* 2115)

In den Zusammenhang der philosophischen Werke des Apuleius gehört auch das Werk *Über die Welt.* Intensive Diskussionen in der Forschung vor allem zur lateinischen Sprachform haben zu einem weitgehenden Konsens geführt, dass das Buch tatsächlich von Apuleius stammt und dass es zu seinen späten Werken gehört.

Laut den Angaben im Prooimion folgte Apuleius darin nur zwei Philosophen, Aristoteles und Theophrastos (*Aristotelen prudentissimum et doctissimum philosophorum et Theophrastum auctorem secuti*). Theophrastos von Eresos (um 371–um 287 v. Chr.) war ein bedeutender Schüler des Aristoteles und als dessen Nachfolger Leiter der Schule des Peripatos; eine Schrift *Über die Welt* von ihm ist aber sonst nicht belegt. Tatsächlich erweist sich das Werk des Apuleius als freie Übersetzung und Paraphrase des unter dem Namen des Aristoteles überlieferten Buchs. Nur für die dort nicht gebotenen Angaben zu den Winden ist die Vorlage das, was der lateinische Gelehrte Aulus Gellius (um 130–nach 180 n. Chr.) in seinem Werk *Noctes Atticae* (»Attische Nächte«) einer Darstellung des (ebenfalls der »Zweiten Sophistik« zugerechneten) römischen Gelehrten Favorinus von Arelate (um 80–um 160 n. Chr.) entnommen hat. Wie das Werk des Aristoteles wird auch diese wahrscheinliche Vorlage des Apuleius im vorliegenden Band (im Anhang) präsentiert.

Bei der Leserschaft vorausgesetzte Kenntnisse

Der Autor des griechischen Buches *Über die Welt* stellt sein Werk als Zusammenfassung der notwendigen Dinge vor (die Begriffe für diese Form der Überblicksdarstellung – *kephalaioumenos* oder *kephalaiodos* – werden dreimal, I 2, II 2 und III 2, eingeführt); auch bei der Version des Apuleius, die einen »Sohn Faustinus« anspricht (s. o. S. 11), ist die didaktische Absicht klar. Beide Werke setzen dabei voraus, dass das Lesepublikum einige Namen und Begriffe ohne weitere Erläuterung versteht. Um einer heutigen Leserschaft das Verständnis der Werke zu erleichtern, werden im Folgenden die wichtigsten solchen Kenntnisse erklärt (und am Ort ihrer Erklärung *kursiv* hervorgehoben). Auf diese Erläuterungen wird in der Übersetzung jeweils mit einem hochgestellten Großbuchstaben verwiesen; weitere Erläuterungen in der Übersetzung stehen in (nur dafür verwendeten) runden Klammern. Bei Eigennamen wird im Folgenden zuerst die griechische, dann die lateinische Form angeführt.

G – Geographie

Das Buch *Über die Welt* setzt eine Kenntnis der von uns Menschen bewohnten Erde, der *Oikoumene*, voraus, die eine vom *Okeanos/Oceanus*, dem *Atlantischen Meer*, rings umströmte Insel sei. Auf der Welt gebe es auch noch weitere solche Insel-Erden, die aber für uns nicht sichtbar seien.

Der Autor beginnt die Schilderung unserer Oikoumene mit den Meeren: Im *inneren Meer* (Mittelmeer, bei Apuleius auch *unser Meer*), das mit dem Okeanos/Oceanus an den *Säulen des Herakles/Hercules*, bei *Gades* (Cadiz), also den Bergen beiderseits der Straße von Gibraltar, verbunden ist, unterscheidet das Buch mehrere Teilmeere: An der afrikanischen Küste nennt es die *Große* und die *Kleine Syrte*, an der europäischen Küste zunächst als den Säulen nächstgelegene Meere oder Golfe das Sardinien vorgelagerte *sardinische,*

das vor Gallien liegende *galatische* sowie das *adriatische* und dann das – als »quer« dazu liegend beschriebene – *sizilische* sowie das *kretische* Meer. Als daran anschließend nennt der Autor, mit der fernen Süd- und Ostseite beginnend, zunächst das jeweils nach dem Hinterland benannte *ägyptische*, *pamphylische* und *syrische* Meer, dann erneut von der fernen Nordseite beginnend das noch heute so benannte *ägäische* und das *myrtoïsche* Meer. In einem letzten Schritt führt der Autor den *Pontos/Pontus* (das Schwarze Meer) an, dessen innersten Teil die *Maiotis/Maeotis* (Asowsches Meer) bildet; der zum *Hellespontos/Hellespontus* (Dardanellen) hin gelegene Teil ist die *Propontis* (Marmarameer). Als große Inseln im Mittelmeer nennt der Autor *Sizilien, Sardinien, Korsika, Kreta, Euboia, Zypern* und *Lesbos,* ferner die *Sporaden* und die *Kykladen,* im Zusammenhang mit dem Vulkanismus an anderer Stelle auch noch *Lipara* (Lipari) und die (anderen) *äolischen Inseln.* Dass auch die Halbinsel *Peloponnes* sowohl im griechischen als auch im lateinischen Werk als Insel erscheint, ist dabei bemerkenswert.

Auch der außen um die Oikoumene strömende Okeanos/Oceanus bildet Golfe, so im Südosten den *Indischen* und den *Persischen* Golf, die mit dem *Roten Meer* (im griechischen Buch auch als *Arabischer Golf* bezeichnet) zusammenhängen, außerdem im Nordosten das mit ihm (vermeintlich) durch eine Meerenge verbundene *Kaspische* Meer, das zwischen *Hyrkanien* und *Kaspien* liegt. Im weiteren Verlauf in Richtung auf die Säulen verläuft der Okeanos/Oceanus nördlich der Maiotis/Maeotis und dann der *Skythen* und *Kelten*; der Gallien vorgelagerte *Galatische Golf* führt die Küste Europas dann zu den Säulen zurück. Schließlich nennt der Autor die wichtigsten Inseln im Okeanos/Oceanus, zunächst die *britannischen* Inseln *Albion/Lebeon* (Großbritannien) und *Iërne/Hibernia* (Irland) jenseits der Kelten in Gallien sowie die vor *Iberien*, dann *Taprobane* (Sri Lanka) jenseits von Indien und eine *Phebol* genannte Insel – bei Apuleius *Loxe* (wohl eine Übernahme des Begriffs *loxos*, »schräg«, aus dem griechischen Text) –, deren Identität sich nicht erschließt.

Nach dem Meer widmet sich der Autor dem Festland der Oikoumene, deren »Breite« mit den »besten Geographen« als knapp 40 000 *Stadien* benannt wird, die »Länge« als höchstens 70 000 – Zahlen, die sich so auch bei dem um die Zeitenwende wirkenden Gelehrten Strabon (*Geographie* 1,4,2 und 5) finden und wohl auf das geographische Werk des Eratosthenes von Kyrene (3. Jahrhundert v. Chr.) zurückgehen. Da ein Stadion 600 Fuß à etwa 30 cm und damit also etwa 180 m entspricht, ergibt eine Umrechnung eine »Breite« (also, da man sich in der Antike in der Regel Osten als »oben« vorstellte, eine Nord-Süd-Erstreckung) von etwa 7200 km und eine »Länge« (also eine West-Ost-Erstreckung) von etwa 12 600 km.

Die Landmasse der Oikoumene lasse sich in drei Teile einteilen: *Europa, Asien* und *Afrika* (*Libye/Libya*). Europa reiche dabei von den Säulen bis zum Pontos und zum hyrkanischen Meer, »wo der schmalste Isthmos zum Pontos hindurchkommt« oder bis zum Fluss *Tanaïs* (Don); die Grenzlinie zwischen Europa und Asien wird also alternativ als Landenge oder Flusslinie angesehen. Entsprechend reiche das außen vom Okeanos/Oceanus begrenzte Asien von jenem Isthmos bis zu dem Isthmos zwischen dem Arabischen Golf und dem Mittelmeer, also bis zur Landenge von Suez oder – nach anderen – bis zur Mündung des Nil; damit bezieht sich der Autor offenbar auf die westlichste Nilmündung bei Alexandreia/Alexandria, da er angibt, Ägypten zähle dann ganz zu Asien, während Afrika von dort bis zu den Säulen der Herakles/Hercules reiche.

Landschaften und Orte nennt der Autor nur selten. Im Zusammenhang mit den Winden erwähnt er die unteritalische Region *Iapygia/Apulia* und im Zusammenhang mit Orakelstätten *Delphi* in der Landschaft Phokis und *Lebadeia* (Livadia) in Boiotien sowie Naturphänomene in der zentralkleinasiatischen Landschaft *Phrygien*. Ferner erscheinen Poleis, die von Erd- und Seebeben vernichtet wurden: *Helike* auf der Peloponnes am Golf von Korinth war 373 v. Chr. durch Erdbeben zerstört worden, wie etwa

auch im 2. Jahrhundert n. Chr. Pausanias in seiner *Beschreibung Griechenlands* (7,24,6) angibt; dieser berichtet anschließend auch von dem Erdbeben, welches das südlich von Helike im Binnenland liegende *Boura* traf (7,25,8); beide Orte waren also noch zur Zeit des Pausanias bekannt. Ferner erwähnt wird der Vulkanberg *Ätna* auf Sizilien und – nur bei Apuleius – »unser« *Vesuv*.

Außerdem nennt der Autor einige offenbar berühmte Naturschönheiten: den hohen und ebenmäßigen Berg *Ossa* in Ostthessalien, unter dessen Gipfel ein Nymphenheiligtum belegt ist, den mythischen (und daher nicht lokalisierbaren) Berg *Nysa*, an dem – was der Autor ebenfalls nicht erwähnt – der Gott Dionysos bei den Nymphen aufgewachsen sein soll, und die *Korykische Grotte* am Berg Parnassos, wo es auch ein Nymphenheiligtum gab und deren Schönheit um die Zeitenwende der schon genannte Strabon (*Geographie* 9,3,1) preist. Bei Apuleius kommt als vierte Naturschönheit der *Olympos/Olympus* (Olymp) in Thessalien hinzu. Der ferne Osten schließlich ist nur einmal als Herkunftsort der Wohlgerüche aus *Panchaia/Panchaea* an der Ostküste Arabiens erwähnt.

H – Historie

Die Werke setzen die Kenntnis von zwei Formen historischer Gesellschaftsorganisation voraus: die persische und die griechische. An der Spitze des *Perserreichs* steht ein Großkönig, unter dessen Oberherrschaft in den Regionen Könige und Satrapen regieren. Genannt werden drei solche Großkroßkönige: *Kambyses* II., der von 529 bis 522 v. Chr. herrschte, sein Nachfolger *Dareios* I., der dann bis 486 v. Chr. Großkönig war sowie dessen Nachfolger *Xerxes* I., der bis 465 v. Chr. herrschte; alle drei werden übrigens ebenso wie das Herrschaftssystem bereits im 5. Jahrhundert v. Chr. im Geschichtswerk des Herodotos von Halikarnassos ausführlich beschrieben. Das Perserreich erstrecke sich vom *Hellespontos/Hellespontus* (Dardanellen; s. o. Geographie) bis zum *Indos/Indus*; seine

Hauptorte seien *Susa* (Šuš im Südwesten des Iran) und *Ekbatana/Ecbatana* (Hamadan im Westiran).

Die griechischen *Poleis* (Singular *Polis*) hingegen waren weitgehend unabhängige kleine politische Einheiten. Meist wurden sie von gewählten *Archontes* geleitet, während die politischen Entscheidungen oft beim Rat lagen, der Versammlung der *Ratsherren*. Im klassischen Athen war die wechselnde Leitung des Rats den *Prytanen* anvertraut, die in ihrem Amtsgebäude, dem *Prytaneion*, auch für die ehrenvolle Speisung von Gästen der Polis und von herausgehobenen Persönlichkeiten zu sorgen hatten. Gesetze konnten auf *Kyrbeis*, drehbar gelagerten Stelen, publiziert werden; oberste Richter bei öffentlichen Klagen im Interesse der Polis waren die *Thesmotheten*. Die einzige Persönlichkeit aus der Welt der *Polis*, die der Autor nennt, ist *Pheidias/Phidias* (um 500/490–um 430/420 v. Chr.), der wohl größte Bildhauer der Antike. Die von ihm geschaffene Statue des Zeus in Olympia galt später als eines der Sieben Weltwunder, die der *Athena/Minerva* stand im Parthenon-Tempel auf der Akropolis von Athen. Nur Apuleius nennt ferner in Rom die *Porticus Minucia*, an der die Getreideverteilung durchgeführt wurde.

L – Literatur

Das griechische Buch *Über die Welt* setzt auch voraus, dass seine Leserschaft über literarische Bildung verfügt. So werden wiederholt Zitate aus den Epen des Homer (7. Jahrhundert v. Chr.), aus *Ilias* und *Odyssee*, geboten, ohne dass der Dichter immer genannt würde, und ebenfalls ohne Nennung der Autorennamen Verse aus den klassischen Tragödien *Oidipous Tyrannos* des *Sophokles* (497/496–406/405 v. Chr.) und *Medeia* des *Euripides* (480–406 v. Chr.) erfreuten diejenigen, die sie als Zitate erkennen, während bei einem Zitat aus den anonymen *Orphica* der Bezug genannt wird. Insbesondere zitiert der Autor auch wiederholt vorsokratische Philosophen, namentlich *Thales* von Milet (um 624/623–zwischen 548 und 544 v. Chr.), *Herakleitos* von Ephesos

(Heraklit, um 520–um 460 v. Chr.) und *Empedokles* von Akragas (um 495–um 435 v. Chr.) sowie an prominenter Stelle, nämlich am Schluss des Werkes, den in dieser Einführung bereits oben genannten athenischen Philosophen *Platon* (428/427–348/347 v. Chr.).

In der Version des Apuleius werden (neben *Aristoteles* und *Theophrastos*; s. o.) für eine lateinische Leserschaft des Öfteren Belege aus der lateinischen Literatur anstelle von oder zusätzlich zu den griechischen geboten. So zitiert Apuleius aus einer Tragödie des Quintus *Ennius* (239–169 v. Chr.) und aus den *Origines* des Marcus Porcius *Cato* (234–149 v. Chr.), die heute bis auf Fragmente verloren sind. Einmal führt er ohne Namensnennung ein Zitat aus einem Werk des römischen Geschichtsschreibers Gaius *Sallustius* Crispus (Sallust, 86–35 oder 34 v. Chr.) an; zwei Parallelen deuten auch auf eine Vertrautheit mit dem Werk *De rerum natura* des Titus *Lucretius* Carus (Lukrez, nach 99–vor 53 v. Chr.). Vor allem aber bietet Apuleius Zitate aus der klassischen lateinischen Literatur, nämlich aus dem Epos *Aeneis* und aus den *Georgica* des Publius *Vergilius* Maro (Vergil, 70–19 v. Chr.). Nicht namentlich nennt er hingegen den Autor, dessen Werk wohl seine Vorlage für die Angaben zu den Winden war: Aulus Gellius (s. o.).

M – Mythologie

Gestalten der Mythologie begegnen uns im Buch *Über die Welt* vor allem im Zusammenhang mit den astronomischen Angaben zu den Planetenbahnen im geozentrischem Weltbild, in dessen Mitte die Lage der Erde angenommen wird. Hier nennt der Autor als ersten und äußersten Planeten den *Kronos/Saturnus* (auch *Phainon/Phaenon* genannt), den Sohn des *Ouranos* (Himmels) und der *Gaia* (Erde) und Vater des obersten Gottes *Zeus/Iuppiter*, der dann als zweiter genannt ist und dessen Laufbahn auch dem *Phaëton* zugewiesen wird. Die dritte Bahn, die des *Pyroeis/Pyroïs*, ist auch die des Kriegsgottes *Ares/Mars* oder des *Herakles/Hercules*, die vierte dann,

die des *Stilbon*, auch die des *Hermes/Mercurius* oder des *Apollon/ Apollo*. Als fünfte Bahn erscheint die des *Phosphoros/Phosphorus*, auch die der Göttin *Aphrodite/Venus* oder der *Hera/Iuno*. Die beiden innersten Bahnen sind die des *Helios/Sol* (Sonne) und der *Selene/ Luna* (Mond). All diese mythologischen Gestalten werden also nur im Zusammenhang mit dem geozentrischen Weltbild genannt: Im Mittelpunkt steht die Erde, um die herum sich die auf Kugelschalen (Sphären) verlaufenden Bahnen der Planeten Mond, Sonne, Venus, Merkur, Mars, Jupiter und Saturn bewegen.

Es ist ein Indiz für den rationalistischen Ansatz des griechischen Autors, dass er sonst nur sehr selten – so im Prooimion, in dem dies von der Leserschaft wohl am ehesten erwartet wurde – auf die antike Mythologie anspielt (was Apuleius nicht übernimmt): Das Brüderpaar der *Aloaden* (Söhne des Aloeus) steht für den gescheiterten Versuch, durch Übereinandertürmen hoher Berge den Himmel zu erreichen und so die Herrschaft der Götter zu beenden. Erwähnt werden ferner die *Moiren* als Schicksalsgottheiten, doch selbst *Herakles/Hercules* erscheint nur im Zusammenhang mit den nach ihm benannten Säulen an der Straße von Gibraltar, und eher beiläufig wird der Sturz des *Phaëton* vom Sonnenwagen genannt, gar nur bei Apuleius *Dis* (*Hades/Pluto*) sowie der Unterweltsfluss *Phlegethon*.

W – Winde

Genannt werden insgesamt zwölf Winde; für eine heutige Leserschaft ist es am einfachsten, ihre Herkunftsregion mit den Zahlen auf einem Uhrblatt zu beschreiben (das die Antike noch nicht kannte): Bei 12 Uhr (also im im Norden) liegt der Wind *Aparktias*, bei 1 *Boreas*, bei 2 *Kaikias*, bei 3 (also im Osten) *Apeliotes*, bei 4 *Euros*, bei 5 *Eurynotos*, bei 6 (also im Süden) *Notos*, bei 7 *Libophoinix*, bei 8 *Lips*, bei 9 (also im Westen) *Zephyros*, bei 10 *Argestes* und bei 11 *Thraskias*. Hinzu kommen regionale Winde, die eigene Namen tragen, darunter der aus Iapygia (s. o. Geographie) wehende *Iapyx*.

Rezeption

Wenige Jahre nach der katastrophalen Zerstörung Roms durch westgotische Krieger im August 410 n. Chr. begann Augustinus (354–430 n. Chr.), der wie Apuleius aus dem römischen Nordafrika stammte, und zwar aus Hippo (heute Annaba in Ost-Algerien), mit der Arbeit an seinem großen Werk *Über den Gottesstaat* (*De civitate Dei*), der zum irdischen Staat (*civitas terrena*) in einem bleibenden Gegensatz stehe. Nachdem die ersten drei der schließlich 22 Bücher wohl schon 413 n. Chr. im Umlauf waren, fasste Augustinus zu Beginn des ein oder zwei Jahre später abgeschlossenen vierten Buches das bisher Dargelegte zusammen:

> Als ich das Werk *Über den Gottesstaat* in Angriff nahm, hielt ich es für meine Pflicht, mich zunächst gegen dessen Gegner zu wenden, die ihr ganzes Sinnen und Trachten auf die irdischen Freuden und die flüchtigen Dinge gerichtet haben und für alles Unangenehme, was sie in dieser Hinsicht zu erdulden haben – von Gott über sie geschickt mehr als liebevolle Mahnung denn als Wirkung der strafenden Gerechtigkeit – mit vorwurfsvoller Miene die christliche Religion als schuldig ansehen, die doch allein die Heil bringende und wahre Religion ist.
>
> (Augustinus, *Über den Gottesstaat* 4,1)

Alle Übel, die dem Christentum angelastet würden, seien in Wahrheit Folge des heidnischen Irrglaubens und des ureigenen Verhaltens der Gegner des Christentums.

> Was, wenn ich nun gar noch die Übel hätte erwähnen und herausheben wollen, die nicht die Menschen sich gegenseitig zufügen wie Verwüstungen und Zerstörungen im Kriege, sondern die vonseiten der Elemente der Welt selbst über die irdischen Dinge kommen und von denen Apuleius, der sie kurz in seinem Buch *Über die Welt* streift, sagt, dass alles Irdische dem Wechsel, der Veränderung und der Vernichtung unterworfen sei? Er erzählt, um mich seiner Worte zu bedienen,

dass der Boden durch riesige Erdbeben aufgebrochen wurde, die ganze Städte mit all ihren Bewohnern verschwinden ließen; ganze Regionen seien von Regenfällen überflutet worden; Teile des Festlands seien durch das Eindringen der Meere zu Inseln geworden, während andere Gebiete durch die Absenkung des Meeres auch für diejenigen zugänglich geworden sind, die zu Fuß gehen: Winde und Stürme hätten Städte zerstört, aus den Wolken sei Feuer herabgekommen und habe die östlichen Regionen verzehrt und im Westen hätten hervorbrechende Gewässer und Überschwemmungen nicht geringere Verheerungen angerichtet. So seien einmal von den Gipfeln des Ätna aus den überströmenden Kratern ganze Flammenströme, vom Himmel aus entzündet, die Abhänge herabgeschossen.

Hätte ich diese und ähnliche geschichtliche Tatsachen, die sich ereigneten, bevor noch Christi Name irgendwie dem nichtigen und für die wahre Wohlfahrt so verderblichen Treiben Einhalt gebot, nach Möglichkeit vollständig zusammentragen wollen, es wäre kein Ende abzusehen!

(Augustinus, *Über den Gottesstaat* 4,2)

Als Beleg für die vernichtende Gewalt der Natur verweist der Christ Augustinus hier also auf den nichtchristlichen Philosophen und Gelehrten Apuleius und speziell auf dessen Werk *Über die Welt*, aus dem er eine lange Passage (Ap 34) referiert. Offenbar galt dieses Buch für die Zeitgenossen des Augustinus, der auf Apuleius erneut im achten Buch von *Über den Gottesstaat* als *Apuleius Afer Platonicus* (8,12: Apuleius, Afrikaner, Platoniker) und als *Apuleius Platonicus Madaurensis* (8,14: Apuleius, Platoniker, aus Madauros) verweist und der sich kritisch mit ihm auseinandersetzt, als geeigneter Beleg für dieses Thema.

Auch später blieb Apuleius als Gelehrter bekannt. So ist ein weit verbreitetes Heilkräuterbuch (*Herbarius*), das zu einer wichtigen Vorlage spätantiker und mittelalterlicher Kräuterbücher werden sollte, zur Erhöhung seiner Autorität, aber ohne inhaltliche Begründung dem *Apuleius Platonicus* zugeschrieben worden.

Zu dieser Ausgabe

Die eingangs vorgestellte Gliederung der Texte ergibt sich nur durch den Inhalt sowie durch Vor- und Rückverweise. Damit sich eine heutige Leserschaft leichter im Text zurechtfinden kann, stehen im vorliegenden Band (nur) in der Übersetzung moderne Zwischenüberschriften.

Kapitelnummern sind in beide Texte erst in der Neuzeit eingeführt worden, bei Aristoteles sieben, bei Apuleius 38. Zur Erleichterung des Vergleichs beider Texte sind in der Übersetzung des Aristoteles (Ar) auch die Kapitelnummern aus Apuleius (Ap) eingetragen und umgekehrt. Bei Aristoteles sind außerdem, wie üblich, die Seiten- und Spaltenzahlen der klassischen Ausgabe von Immanuel Bekker (s. u. Literaturhinweise) angegeben.

Mit der ersten deutschen Übersetzung des Werkes *De Mundo* von Apuleius und der Präsentation beider Werke in einer zweisprachigen Ausgabe möchte der Band ein faszinierendes Kapitel antiker didaktischer Literatur und ihrer Übertragung neu erschließen.

Für die Aufnahme des Bandes in die Reihe danke ich Niklas Holzberg und Bernhard Zimmermann, für guten Rat bei der Erstellung der Druckvorlage Katharina Legutke und Florian Ruppenstein und für das Mitlesen der Korrekturen Ansgar Teichgräber und insbesondere Otto Ritter sowie meiner lieben Frau Christiane. Zu Beginn unserer gemeinsamen Schulzeit in Erlangen war der Direktor unseres *Gymnasium Fridericianum* Hans Strohm (1908–1998), dem wichtige Beiträge zum Buch *Über die Welt* verdankt werden. Ich hoffe, dieser Band hätte ihm zugesagt.

Gewidmet ist der Band Amadeus Brodersen, der während der Entstehung dieses Buches *über* die Welt *auf* die Welt gekommen ist.

Universität Erfurt, im Sommer 2019 Kai Brodersen

TEXTE UND ÜBERSETZUNGEN

ARISTOTELES

ΠΕΡΙ ΚΟΣΜΟΥ

(1) (391a) πολλάκις μὲν ἔμοιγε θεῖόν τι καὶ δαιμόνιον ὄντως χρῆμα, ὦ Ἀλέξανδρε, ἡ φιλοσοφία ἔδοξεν εἶναι, μάλιστα δὲ ἐν οἷς μόνη διαραμένη πρὸς τὴν τῶν ὄντων θέαν ἐσπούδασε γνῶναι τὴν ἐν αὐτοῖς ἀλήθειαν, καὶ τῶν ἄλλων ταύτης ἀποστάντων διὰ τὸ ὕψος καὶ τὸ μέγεθος, αὕτη τὸ πρᾶγμα οὐκ ἔδεισεν οὐδ᾽ αὑτὴν τῶν καλλίστων ἀπηξίωσεν, ἀλλὰ καὶ συγγενεστάτην ἑαυτῇ καὶ μάλιστα πρέπουσαν ἐνόμισεν εἶναι τὴν ἐκείνων μάθησιν. ἐπειδὴ γὰρ οὐχ οἷόν τε ἦν τῷ σώματι εἰς τὸν οὐράνιον ἀφικέσθαι τόπον καὶ τὴν γῆν ἐκλιπόντα τὸν ἱερὸν ἐκεῖνον χῶρον κατοπτεῦσαι, καθάπερ οἱ ἀνόητοί ποτε ἐπενόουν Ἀλῳάδαι, ἡ γοῦν ψυχὴ διὰ φιλοσοφίας, λαβοῦσα ἡγεμόνα τὸν νοῦν, ἐπεραιώθη καὶ ἐξεδήμησεν, ἀκοπίατόν τινα ὁδὸν εὑροῦσα, καὶ τὰ πλεῖστον ἀλλήλων ἀφεστῶτα τοῖς τόποις τῇ διανοίᾳ συνεφόρησε, ῥᾳδίως, οἶμαι, τὰ συγγενῆ γνωρίσασα, καὶ θείῳ ψυχῆς ὄμματι τὰ θεῖα καταλαβομένη, τοῖς τε ἀνθρώποις προφητεύουσα. τοῦτο δὲ ἔπαθε, καθ᾽ ὅσον οἷόν τε ἦν, πᾶσιν ἀφθόνως μεταδοῦναι βουληθεῖσα τῶν παρ᾽ αὐτῇ τιμίων.

διὸ καὶ τοὺς μετὰ σπουδῆς διαγράψαντας ἡμῖν ἑνὸς τόπου φύσιν ἢ μιᾶς σχῆμα πόλεως ἢ ποταμοῦ μέγεθος ἢ ὄρους κάλλος, οἷά τινες ἤδη πεποιήκασι, φράζοντες οἱ μὲν τὴν Ὄσσαν, οἱ δὲ τὴν Νύσσαν, οἱ δὲ τὸ Κωρύκιον ἄντρον, οἱ δὲ

ÜBER DIE WELT

Prooimion

(Ar 1) [Ap Pr] (391a) Oft schien mir die Philosophie eine wahrhaft göttliche und übernatürliche Sache zu sein, Alexandros (s. S. 8), besonders dort, wo sie sich allein zur Schau des Seienden aufgeschwungen und so um die Erkenntnis der Wahrheit darin bemüht hat. Während die anderen vor dieser wegen der Höhe und Größe zurückschreckten, fürchtete sie die Sache nicht und hielt sich auch nicht für unwürdig des Schönsten, sondern glaubte vielmehr, sie sei sehr mit ihr verwandt und es komme ihr besonders die Erkundung jener Dinge zu. Da es ja nicht möglich war, mit dem Leib an den himmlischen Platz zu gelangen und – die Erde verlassend – jene heilige Stätte zu schauen, wie es einst die unverständigen Aloaden[M] im Sinn hatten, setzte nun die Seele mit Hilfe der Philosophie über, indem sie den Geist als Anführer nahm, und zog aus, nachdem sie so einen nicht ermüdenden Weg gefunden hatte. Was durch ihre Plätze am weitesten voneinander entfernt steht, nahm sie im Denken zusammen, weil sie leicht – meine ich – das Verwandte erkannte und mit dem göttlichen Auge der Seele das Göttliche wahrnahm, um es den Menschen zu offenbaren. Dies erfuhr sie, weil sie, soweit möglich, alle ohne Missgunst an den ihr eigenen Kostbarkeiten teilhaben lassen wollte.

Daher möchte man auch diejenigen, die uns mit Eifer die Beschaffenheit eines einzigen Platzes, die Gestalt einer einzigen Polis[H], die Größe eines Flusses oder die Schönheit eines Berges beschreiben – was schon manche getan haben, indem die einen die Ossa[G], andere Nysa[G], wieder andere die korykische Grotte[G] oder irgend sonst

ὁτιοῦν ἔτυχε τῶν ἐπὶ μέρους, οἰκτίσειεν ἄν τις τῆς μικροψυχίας, τὰ τυχόντα ἐκπεπληγμένους καὶ μέγα φρονοῦντας ἐπὶ θεωρίᾳ μικρᾷ. τοῦτο δὲ πάσχουσι διὰ τὸ ἀθέατοι τῶν κρειττόνων εἶναι, κόσμου λέγω καὶ τῶν ἐν κόσμῳ μεγίστων· οὐδέποτε γὰρ ἂν τούτοις γνησίως ἐπιστήσαν(391b)τες ἐθαύμαζόν τι τῶν ἄλλων, ἀλλὰ πάντα αὐτοῖς τὰ ἄλλα μικρὰ κατεφαίνετο ἂν καὶ οὐδενὸς ἄξια πρὸς τὴν τούτων ὑπεροχήν.

λέγωμεν δὴ ἡμεῖς καί, καθ' ὅσον ἐφικτόν, θεολογῶμεν περὶ τούτων συμπάντων, ὡς ἕκαστον ἔχει φύσεως καὶ θέσεως καὶ κινήσεως. πρέπειν δέ γε οἶμαι καὶ σοί, ὄντι ἡγεμόνων ἀρίστῳ, τὴν τῶν μεγίστων ἱστορίαν μετιέναι, φιλοσοφίᾳ τε μηδὲν μικρὸν ἐπινοεῖν, ἀλλὰ τοῖς τοιούτοις δώροις δεξιοῦσθαι τοὺς ἀρίστους.

etwas Zufälliges im Detail beschrieben –, bedauern wegen ihrer kleinlichen Seele, da sie sich vom Zufälligen beeindrucken lassen und sich Großes bei einer geringen Anschauung einbilden. Die geschieht ihnen, weil sie die Schau des Mächtigeren nicht kennen, der Welt meine ich und der Dinge, die in der Welt (*kosmos*) die größten sind. Nie würden sie, wenn sie sich diesen Dingen einmal aufrichtig gewidmet (391b) hätten, etwas anderes bewundern, vielmehr erschiene ihnen alles andere klein und nichts wert angesichts des überragenden Ranges dieser Dinge.

So wollen wir denn sprechen und, soweit es erreichbar ist, als Theologen über diese gesamten Dinge reden, wie sich ein jedes verhält nach Natur (*physis*), Lage (*thesis*) und Bewegung (*kinesis*). Es gehört sich, wie ich meine, für dich, der du der Beste unter den Anführern bist, der Kunde des Größten nachzugehen, und auch für die Philosophie, auf nichts Kleines den Sinn zu richten, sondern mit solchen Geschenken die Besten zu empfangen.

(2) κόσμος μὲν οὖν ἐστι σύστημα ἐξ οὐρανοῦ καὶ γῆς καὶ τῶν ἐν τούτοις περιεχομένων φύσεων. λέγεται δὲ καὶ ἑτέρως κόσμος ἡ τῶν ὅλων τάξις τε καὶ διακόσμησις, ὑπὸ θεοῦ τε καὶ διὰ θεὸν φυλαττομένη.

ταύτης δὲ τὸ μὲν μέσον, ἀκίνητόν τε καὶ ἑδραῖον ὄν, ἡ φερέσβιος εἴληχε γῆ, παντοδαπῶν ζῴων ἑστία τε οὖσα καὶ μήτηρ. τὸ δὲ ὕπερθεν αὐτῆς, πᾶν τε καὶ πάντῃ πεπερατωμένον εἰς τὸ ἀνωτάτω, θεῶν οἰκητήριον, οὐρανὸς ὠνόμασται. πλήρης δὲ ὢν σωμάτων θείων, ἃ δὴ καλεῖν ἄστρα εἰώθαμεν, κινούμενος κίνησιν ἀίδιον, μιᾷ περιαγωγῇ καὶ κύκλῳ συναναχορεύει πᾶσι τούτοις ἀπαύστως δι' αἰῶνος. τοῦ δὲ σύμπαντος οὐρανοῦ τε καὶ κόσμου σφαιροειδοῦς ὄντος καὶ κινουμένου, καθάπερ εἶπον, ἐνδελεχῶς, δύο ἐξ ἀνάγκης ἀκίνητά ἐστι σημεῖα, καταντικρὺ ἀλλήλων, καθάπερ τῆς ἐν τόρνῳ κυκλοφορουμένης σφαίρας, στερεὰ μένοντα καὶ συνέχοντα τὴν σφαῖραν, περὶ ἃ ὁ πᾶς ὄγκος κύκλῳ στρέφεται· καλοῦνται δὲ οὗτοι πόλοι· δι' ὧν εἰ νοήσαιμεν ἐπεζευγμένην εὐθεῖαν, ἥν τινες ἄξονα καλοῦσι, διάμετρος ἔσται τοῦ κόσμου, μέσον (392a) μὲν ἔχουσα τὴν γῆν, τοὺς δὲ δύο πόλους πέρατα. τῶν δὲ ἀκινήτων πόλων τούτων ὁ μὲν ἀεὶ φανερός ἐστιν ὑπὲρ κορυφὴν ὢν κατὰ τὸ βόρειον κλίμα, ἀρκτικὸς καλούμενος, ὁ δὲ ὑπὸ γῆν ἀεὶ κατακέκρυπται, κατὰ τὸ νότιον, ἀνταρκτικὸς καλούμενος.

I Die Welt

I 1 Der kugelförmige Kosmos

(Ar 2) [Ap 1] »Welt« (*kosmos*) ist also ein Gefüge (*systema*) aus Himmel und Erde und den Naturen (*physeis*), die in ihnen umfasst werden. Man benennt aber Welt auch noch auf andere Weise als die Aufstellung (*taxis*) und Anordnung (*diakosmesis*) des Alls (*ta hola*), die von Gott (kommt) und durch Gott bewahrt wird.

Deren Mitte nimmt, unbeweglich und ruhend, die lebensspendende Erde (*ge*) als Herd und Mutter für Lebewesen vielfältiger Art ein. Was über ihr und ganz und allseitig abgeschlossen ist bis zum Höchsten, also die Wohnstätte der Götter, wird Himmel (*ouranos*) genannt. Er ist voll von göttlichen Körpern, die wir Sterne zu nennen pflegen, bewegt sich in ewiger Bewegung und tanzt in einem Umschwung und Kreis zusammen mit diesen allen rastlos in Ewigkeit. Da aber der gesamte Himmel und auch die Welt kugelschalenförmig (*sphairo-eides*) sind und sich unablässig bewegen, wie ich gesagt habe, muss es notwendigerweise zwei unbewegliche Punkte (*semeia*) geben, einander entgegengesetzt, wie bei der im Drechslereisen sich drehenden Kugelschale (*sphaira*) Fixpunkte, welche die Kugelschale zusammenhalten und um die sich die ganze Masse im Kreis dreht; man nennt sie Pole (*poloi*). Wenn wir uns durch sie eine Gerade gezogen denken, die von einigen Achse (*axon*) genannt wird, dann wird diese der Durchmesser der Welt sein und dabei als Mitte (392a) die Erde haben, die beiden Pole aber als Enden. Von diesen beiden unbeweglichen Polen ist der eine stets sichtbar, da er über unserem Haupt in der nördlichen Himmelsregion (*klima*) steht; er heißt arktischer (Pol). Der andere aber ist stets unter der Erde verborgen in südlicher Richtung; er heißt antarktischer.

οὐρανοῦ δὲ καὶ ἄστρων οὐσίαν μὲν αἰθέρα καλοῦμεν, οὐχ, ὥς τινες, διὰ τὸ πυρώδη οὖσαν αἴθεσθαι, πλημμελοῦντες περὶ τὴν πλεῖστον πυρὸς ἀπηλλαγμένην δύναμιν, ἀλλὰ διὰ τὸ ἀεὶ θεῖν κυκλοφορουμένην, στοιχεῖον οὖσαν ἕτερον τῶν τεττάρων, ἀκήρατόν τε καὶ θεῖον.

τῶν γε μὴν ἐμπεριεχομένων ἄστρων τὰ μὲν ἀπλανῶς τῷ σύμπαντι οὐρανῷ συμπεριστρέφεται, τὰς αὐτὰς ἔχοντα ἕδρας, ὧν μέσος ὁ ζῳοφόρος καλούμενος κύκλος ἐγκάρσιος διὰ τῶν τροπικῶν διέζωσται, κατὰ μέρη διῃρημένος εἰς δώδεκα ζῳδίων χώρας, τὰ δέ, πλανητὰ ὄντα, οὔτε τοῖς προτέροις ὁμοταχῶς κινεῖσθαι πέφυκεν οὔτε ἀλλήλοις, ἀλλ᾽ ἐν ἑτέροις καὶ ἑτέροις κύκλοις, ὥστε αὐτῶν τὸ μὲν προσγειότερον εἶναι, τὸ δὲ ἀνώτερον. τὸ μὲν οὖν τῶν ἀπλανῶν πλῆθος ἀνεξεύρετόν ἐστιν ἀνθρώποις, καίπερ ἐπὶ μιᾶς κινουμένων ἐπιφανείας τῆς τοῦ σύμπαντος οὐρανοῦ· τὸ δὲ τῶν πλανήτων, εἰς ἑπτὰ μέρη κεφαλαιούμενον, ἐν τοσούτοις ἐστὶ κύκλοις ἐφεξῆς κειμένοις, ὥστε ἀεὶ τὸν ἀνωτέρω μείζω τοῦ ὑποκάτω εἶναι, τούς τε ἑπτὰ ἐν ἀλλήλοις ἐμπεριέχεσθαι, πάντας γε μὴν ὑπὸ τῆς τῶν ἀπλανῶν σφαίρας περιειλῆφθαι. συνεχῆ δὲ ἔχει ἀεὶ τὴν θέσιν ταύτῃ ὁ τοῦ Φαίνοντος ἅμα καὶ Κρόνου καλούμενος κύκλος, ἐφεξῆς δὲ ὁ τοῦ Φαέθοντος καὶ Διὸς λεγόμενος, εἶθ᾽ ὁ Πυρόεις, Ἡρακλέους τε καὶ Ἄρεος προσαγορευόμενος, ἑξῆς δὲ ὁ Στίλβων, ὃν ἱερὸν Ἑρμοῦ καλοῦσιν ἔνιοι, τινὲς δὲ Ἀπόλλωνος· μεθ᾽ ὃν ὁ τοῦ Φωσφόρου, ὃν Ἀφροδίτης, οἱ δὲ

I 2 Äther: Himmel und Sterne

[Ap 2] Der Wesenheit (*ousia*) des Himmels und der Sterne geben wir den Namen Äther (*aither*), nicht weil er »feurig glüht« (*aithesthai*), wie einige meinen, die seine vom Feuer völlig entfernte Kraft (*dynamis*) verkennen, sondern weil er im Kreis geschwungen »immerfort läuft« (*aei thein*) und ein Element ist, das von anderer Art als die vier (bekannten) ist, nämlich unvergänglich und göttlich.

Von den in ihm rings umfangenden Sternen aber kreisen die einen als nicht umherirrende (*aplanos*) Sterne (Fixsterne) mit dem gesamten Himmel gemeinsam und nehmen immer denselben Platz ein; in ihrer Mitte ist der sogenannte Tierkreis schräg durch die Wendekreise als Gürtel gespannt, in Teile gegliedert nach den Orten der zwölf Tiere des Kreises. Die anderen, die umherirrenden Sterne (*planeta,* Planeten), sind von Natur aus an Schnelligkeit der Bewegung weder den vorgenannten noch untereinander gleich, vielmehr bewegt sich jeder sich in einer eigenen Kreisbahn, so dass sie der Erde teils näher sind, teils ferner. Was nun die Fixsterne betrifft, so ist ihre Menge für die Menschen unerforschbar, obwohl sie sich auf einer einzigen Sichtebene bewegen, nämlich der des gesamten Himmels. Die Planeten hingegen, zusammenfassend gesagt sieben an der Zahl, sind in ebenso vielen Kreisbahnen (*kykloi*) angeordnet, so dass jeweils die höhere größer als die untere ist und die sieben Kugelschalen (*sphairai*) ineinander umfasst sind, alle aber von der Kugelschale der Fixsterne umschlossen sind. Der Reihe nach haben sie folgende Position (*thesis*): Zuerst kommt der nach Phainon[M] (»Leuchtend«) und zugleich nach Kronos[M] benannte Kreis, danach der mit dem Namen des Phaëthon[M] und des Zeus benannte, dann der *Pyroeis* (»Feuriger«), der nach Herakles[M] und auch nach Ares[M] benannt wird, danach der *Stilbon* (»Glänzer«), den manche den des Hermes[M] nennen, andere den des Apollon[M]; nach ihm kommt der

Ἥρας προσαγορεύουσιν, εἶτα ὁ ἡλίου, καὶ τελευταῖος ὁ τῆς σελήνης, μέχρις ἧς ὁρίζεται ὁ αἰθήρ, τά τε θεῖα ἐμπεριέχων σώματα καὶ τὴν τῆς κινήσεως τάξιν.

μετὰ δὲ τὴν αἰθέριον καὶ θείαν φύσιν, ἥντινα τεταγμένην ἀποφαίνομεν, ἔτι δὲ ἄτρεπτον καὶ ἀνετεροίωτον καὶ ἀπαθῆ, συνεχής ἐστιν ἡ δι᾽ ὅλων παθητή τε καὶ τρεπτή, καί, τὸ σύμπαν εἰπεῖν, φθαρτή τε καὶ ἐπίκηρος. ταύτης δὲ αὐτῆς πρώτη μέν ἐστιν ἡ λεπτομερὴς καὶ φλογώδης οὐσία, (392b) ὑπὸ τῆς αἰθερίου πυρουμένη διὰ τὸ μέγεθος αὐτῆς καὶ τὴν ὀξύτητα τῆς κινήσεως· ἐν δὲ τῇ πυρώδει καὶ ἀτάκτῳ λεγομένῃ τά τε σέλα διᾴττει καὶ φλόγες ἀκοντίζονται καὶ δοκίδες τε καὶ βόθυνοι καὶ κομῆται λεγόμενοι στηρίζονται καὶ σβέννυνται πολλάκις.

ἑξῆς δὲ ταύτης ὁ ἀὴρ ὑποκέχυται, ζοφώδης ὢν καὶ παγετώδης τὴν φύσιν· ὑπὸ δὲ ἐκείνης λαμπόμενος ἅμα καὶ διακαιόμενος λαμπρός τε γίνεται καὶ ἀλεεινός. ἐν δὲ τούτῳ, τῆς παθητῆς ὄντι καὶ αὐτῷ δυνάμεως καὶ παντοδαπῶς ἀλλοιουμένῳ, νέφη τε συνίσταται καὶ ὄμβροι καταράσσουσι, χιόνες τε καὶ πάχναι καὶ χάλαζαι πνοαί τε ἀνέμων καὶ τυφώνων, ἔτι τε βρονταὶ καὶ ἀστραπαὶ καὶ πτώσεις κεραυνῶν μυρίων τε γνόφων συμπληγάδες.

des *Phosphoros* (»Lichtbringer«), den manche als den der Aphrodite^{M} bezeichnen, andere als den der Hera^{M}, sodann der des Helios^{M} (»Sonne«) und schließlich der der Selene^{M} (»Mond«), bis zu dem der Äther reicht, der die göttlichen Körper in sich fasst und auch die Aufstellung (*taxis*) ihrer Bewegung.

I 3 Feuer, Luft, Erde und Wasser

[Ap 3] An die ätherische und göttliche Natur, die wir als angeordnet erklären, dazu auch als unwandelbar, unveränderlich und unbeeinflussbar, schließt sich die insgesamt wandelbare und veränderliche – um es kurz zu sagen: vergängliche und der Zerstörung ausgesetzte – an. Das erste in ihr ist die feinteilige und feurige Wesenheit (*ousia*), (392b) die von der ätherischen infolge deren Ausdehnung und sehr schnellen Bewegung entzündet wird. In der als feurig und nicht angeordnet benannten (Region) schießen die bekannten glänzenden Lichter vorbei, werden »Fackeln« geschleudert; sogenannte Stäbe (*Dokides*), Gruben (*Bothynoi*) und Haarsterne (*Kometai*) richten sich oft auf und verlöschen dann wieder.

Im Anschluss an diese (Region) ist unterhalb die Luft ausgegossen, dunkel und eisig ihrer Natur nach; jedoch wird sie von jener Kugelschale her zugleich durchleuchtet und durchglüht und so hell und warm. In der Luft, die ebenfalls dem wandelbaren Wesen zugehört und vielfältig veränderlich ist, bilden sich Wolken, prasseln Regengüsse herab, gibt es Schnee, Reif und Hagel, Winde und Taifune, dazu Donner, Blitzschein, Niederfahren von Wetterstrahlen und Zusammenschlagen von unzähligen Dunkelwolken.

(3) ἑξῆς δὲ τῆς ἀερίου φύσεως γῆ καὶ θάλασσα ἐρήρεισται, φυτοῖς βρύουσα καὶ ζῴοις πηγαῖς τε καὶ ποταμοῖς, τοῖς μὲν ἐν γῇ ἀναλισκομένοις, τοῖς δὲ ἀνερευγομένοις εἰς θάλασσαν. πεποίκιλται δὲ καὶ χλόαις μυρίαις ὄρεσι τε ὑψήλοις καὶ βαθυξύλοις δρυμοῖς καὶ πόλεσιν, ἃς τὸ σοφὸν ζῷον, ὁ ἄνθρωπος, ἱδρύσατο, νήσοις τε ἐναλίοις καὶ ἠπείροις.

τὴν μὲν οὖν οἰκουμένην ὁ πολὺς λόγος εἴς τε νήσους καὶ ἠπείρους διεῖλεν, ἀγνοῶν ὅτι καὶ ἡ σύμπασα μία νῆσός ἐστιν, ὑπὸ τῆς Ἀτλαντικῆς καλουμένης θαλάσσης περιρρεομένη. πολλὰς δὲ καὶ ἄλλας εἰκὸς τῆσδε ἀντιπόρθμους ἄπωθεν κεῖσθαι, τὰς μὲν μείζους αὐτῆς, τὰς δὲ ἐλάττους, ἡμῖν δὲ πάσας πλὴν τῆσδε ἀοράτους· ὅπερ γὰρ αἱ παρ᾽ ἡμῖν νῆσοι πρὸς ταυτὶ τὰ πελάγη πεπόνθασι, τοῦτο ἥδε ἡ οἰκουμένη πρὸς τὴν Ἀτλαντικὴν θάλασσαν πολλαί τε ἕτεραι πρὸς σύμπασαν τὴν θάλασσαν· καὶ γὰρ αὗται μεγάλαι τινές εἰσι νῆσοι μεγάλοις περικλυζόμεναι πελάγεσιν. ἡ δὲ σύμπασα τοῦ ὑγροῦ φύσις ἐπιπολάζουσα, κατά τινας τῆς γῆς σπίλους τὰς καλουμένας ἀναπεφαγκυῖα οἰκουμένας, ἑξῆς ἂν εἴη τῆς ἀερίου μάλιστα φύσεως. μετὰ δὲ ταύτην ἐν τοῖς βυθοῖς κατὰ τὸ μεσαίτατον τοῦ κόσμου συνερηρεισμένη γῆ πᾶσα καὶ πεπιεσμένη συνέστηκεν, ἀκίνητος καὶ ἀσάλευτος· καὶ τοῦτ᾽ ἔστι τοῦ κόσμου τὸ πᾶν ὃ καλοῦμεν κάτω.

(Ar 3) [Ap 4] Im Anschluss an die Luft-Natur sind Erde und Meer fest gegründet; sie lassen in Fülle Pflanzen und Tiere hervorsprießen, Quellen und Flüsse, von denen sich die einen in Windungen durch das Land ziehen, die anderen in das Meer ergießen. Bunt geschmückt ist die Erde mit unzähligem Grün, mit hohen Bergen und dichten Wäldern, mit Städten, die das kluge Lebewesen, der Mensch, gebaut hat, mit Inseln in der Salzflut und mit Festländern.

Die *Oikoumene*[G] hat der allgemeine Verstand in Inseln und Festländer geschieden, ohne zu wissen, dass auch sie ja insgesamt eine einzige Insel ist, die vom sogenannten Atlantischen Meer[G] umströmt wird. Wahrscheinlich liegen ihr aber in der Ferne noch viele andere gegenüber, die teils größer sind als sie, teils kleiner, aber allesamt mit Ausnahme von dieser hier unseren Blicken entzogen. In dem Verhältnis unserer Inseln zu den bekannten einzelnen Meeren steht nämlich die *Oikoumene* zum Atlantischen Meer und viele andere Kontinente zum gesamten Meer, denn auch diese sind gewissermaßen große Inseln, die von großen Meeren umströmt werden. Die feuchte Natur insgesamt, welche die Oberfläche bedeckt und hier als klippenartige Erderhebungen die sogenannten *Oikoumenai* hervortreten lässt, mag der Nachbar vor allem der Luft-Natur genannt werden. Nach dieser ruht in den Tiefen in der Mitte der Welt geballt und fest die ganze Erde, unbeweglich und unerschütterlich. Und dies von der Welt ist es, was wir insgesamt »Unten« nennen.

πέντε δὴ στοιχεῖα ταῦτα (393a) ἐν πέντε χώραις σφαιρικῶς ἐγκείμενα, περιεχομένης ἀεὶ τῆς ἐλάττονος τῇ μείζονι – λέγω δὲ γῆς μὲν ἐν ὕδατι, ὕδατος δὲ ἐν ἀέρι, ἀέρος δὲ ἐν πυρί, πυρὸς δὲ ἐν αἰθέρι – τὸν ὅλον κόσμον συνεστήσατο, καὶ τὸ μὲν ἄνω πᾶν θεῶν ἀπέδειξεν οἰκητήριον, τὸ κάτω δὲ ἐφημέρων ζῴων. αὐτοῦ γε μὴν τούτου τὸ μὲν ὑγρόν ἐστιν, ὃ καλεῖν ποταμοὺς καὶ νάματα καὶ θαλάσσας εἰθίσμεθα, τὸ δὲ ξηρὸν, ὃ γῆν τε καὶ ἠπείρους καὶ νήσους ὀνομάζομεν.

τῶν δὲ νήσων αἵ μέν εἰσι μεγάλαι, καθάπερ ἡ σύμπασα ἥδε οἰκουμένη λέλεκται πολλαί τε ἕτεραι μεγάλοις περιρρεόμεναι πελάγεσιν, αἵ δὲ ἐλάττους, φανεραί τε ἡμῖν καὶ ἐντὸς οὖσαι. καὶ τούτων αἵ μὲν ἀξιόλογοι, Σικελία καὶ Σαρδὼ καὶ Κύρνος Κρήτη τε καὶ Εὔβοια καὶ Κύπρος καὶ Λέσβος, αἵ δὲ ὑποδεέστεραι, ὧν αἵ μὲν Σποράδες, αἵ δὲ Κυκλάδες, αἵ δὲ ἄλλως ὀνομάζονται.

πέλαγος δὲ τὸ μὲν ἔξω τῆς οἰκουμένης Ἀτλαντικόν τε καὶ Ὠκεανὸς καλεῖται, περιρρέων ἡμᾶς. ἐντὸς δὲ πρὸς δύσεις στενοπόρῳ διανεωγὼς στόματι, κατὰ τὰς Ἡρακλείους λεγομένας στήλας τὸν εἴσρουν εἰς τὴν ἔσω θάλασσαν ὡς ἂν εἰς λιμένα ποιεῖται, κατὰ μικρὸν δὲ ἐπιπλατυνόμενος ἀναχεῖται, μεγάλους περιλαμβάνων κόλπους ἀλλήλοις συναφεῖς, πῇ μὲν κατὰ στενοπόρους αὐχένας ἀνεστομωμένος, πῇ δὲ πάλιν πλατυνόμενος. πρῶτον μὲν οὖν λέγεται ἐγκεκολπῶσθαι ἐν δεξιᾷ εἰσπλέοντι τὰς Ἡρακλείους στήλας, διχῶς, εἰς τὰς

II Die Erde

II 1 Geographie: Inseln, Meere, Oikoumene

[Ap 5] Diese fünf Grundelemente also, (393a) die an fünf Orten in Form von Kugelschalen gelagert sind, wobei die jeweils kleinere von der größeren umfasst wird – ich meine: Erde vom Wasser, Wasser von Luft, Luft von Feuer, Feuer von Äther –, haben die ganze Welt zusammengestellt und den ganzen oberen Bereich zur Wohnstätte der Götter gemacht, den unteren für Eintags-Lebewesen. Von eben diesem Unten aber ist das eine feucht, das wir Flüsse, Quellen und Meere zu nennen pflegen, das andere trocken, das wir als Erde, Festländer und Inseln bezeichnen.

Von den Inseln sind die einen groß, wie diese (unsere) gesamte *Oikoumene* beschrieben worden ist und wie viele andere, die von großen Meeren umströmt werden, die anderen sind kleiner, für uns sichtbar und innerhalb gelegen. Von diesen sind die einen bemerkenswert, nämlich Sizilien[G], Sardinien[G], Korsika[G], Kreta[G], Euboia[G], Zypern[G] und Lesbos[G], die anderen weniger bedeutend, darunter die Sporaden[G], die Kykladen[G] und Inseln mit anderen Namen.

[Ap 6] Das Meer außerhalb der *Oikoumene* heißt Atlantisches[G] und auch Okeanos[G], der uns rings umfließt. Er öffnet sich im Westen nach innen in eine schmale Öffnung (*stoma*) und strömt bei den sogenannten Säulen des Herakles[G] ins innere Meer[G] wie in einen Hafen. Allmählich verbreitert er sich und ergießt sich weithin, indem er große miteinander zusammenhängende Golfe (*kolpos*, »Busen«) umfasst, bald in engwegige Nacken (*auchen*) einmündend, bald sich wiederum weitend. Zunächst nun erweitert sich das Meer, wie man erzählt, zur Rechten für den, der durch die Säulen des Herakles hereinfährt, doppelt, zu den

καλουμένας Σύρτεις, ὧν τὴν μὲν Μεγάλην, τὴν δὲ Μικρὰν, καλοῦσιν· ἐπὶ θάτερα δὲ οὐκέτι ὁμοίως ἀποκολπούμενος τρία ποιεῖ πελάγη, τό τε Σαρδόνιον καὶ τὸ Γαλατικὸν λεγόμενον καὶ Ἀδρίαν, ἑξῆς δὲ τούτων ἐγκάρσιον τὸ Σικελικόν, μετὰ δὲ τοῦτο τὸ Κρητικόν, συνεχὲς δὲ αὐτοῦ, τῇ μὲν τὸ Αἰγύπτιόν τε καὶ Παμφύλιον καὶ Σύριον, τῇ δὲ τὸ Αἰγαῖόν τε καὶ Μυρτῷον. ἀντιπαρήκει δὲ τοῖς εἰρημένοις πολυμερέστατος ὢν ὁ Πόντος, οὗ τὸ μὲν μυχαίτατον Μαιῶτις καλεῖται, τὸ δὲ ἔξω (393b) πρὸς τὸν Ἑλλήσποντον συνανεστόμωται τῇ καλουμένῃ Προποντίδι.

πρός γε μὴν ταῖς ἀνασχέσεσι τοῦ ἡλίου πάλιν εἰσρέων ὁ Ὠκεανός, τὸν Ἰνδικόν τε καὶ Περσικὸν διανοίξας κόλπον, ἀναφαίνει συνεχῆ τὴν Ἐρυθρὰν θάλασσαν διειληφώς. ἐπὶ θάτερον δὲ κέρας κατὰ στενόν τε καὶ ἐπιμήκη διήκων αὐχένα, πάλιν ἀνευρύνεται, τὴν Ὑρκανίαν τε καὶ Κασπίαν ὁρίζων· τὸ δὲ ὑπὲρ ταύτην βαθὺν ἔχει τὸν ὑπὲρ τὴν Μαιῶτιν λίμνην τόπον. εἶτα κατ᾽ ὀλίγον ὑπὲρ τοὺς Σκύθας τε καὶ Κελτικὴν σφίγγει τὴν οἰκουμένην πρός τε τὸν Γαλατικὸν κόλπον καὶ τὰς προειρημένας Ἡρακλείους στήλας, ὧν ἔξω περιρρέει τὴν γῆν ὁ Ὠκεανός.

ἐν τούτῳ γε μὴν νῆσοι μέγισται τυγχάνουσιν οὖσαι δύο, Βρεττανικαὶ λεγόμεναι, Ἀλβίων καὶ Ἰέρνη, τῶν προϊστορημένων μείζους, ὑπὲρ τοὺς Κελτοὺς κείμεναι. τούτων δὲ οὐκ ἐλάττους ἥ τε Ταπροβάνη πέραν Ἰνδῶν, λοξὴ πρὸς τὴν οἰκουμένην, καὶ ἡ † Φεβὸλ καλουμένη, κατὰ τὸν Ἀραβικὸν κειμένη κόλπον. οὐκ ὀλίγαι δὲ ἄλλαι μικραὶ περὶ τὰς Βρεττανικὰς καὶ τὴν Ἰβηρίαν κύκλῳ περιεστεφάνωνται τὴν οἰκουμένην ταύτην, ἣν δὴ

sogenannten Syrten[G], von denen man die eine als Große, die andere als Kleine bezeichnet. Auf der anderen Seite bildet es nicht in gleicher Weise Golfe, sondern drei Meere, nämlich das sardinische[G], das galatische[G] und die Adria[G]. Anschließend kommen, quer zu ihnen, das sizilische Meer[G], nach ihm das kretische[G] und mit ihm verbunden auf der einen Seite das ägyptische[G], pamphylische[G] und syrische[G], auf der anderen das ägäische[G] und myrtoïsche[G]. Den genannten Meeren gegenüber erstreckt sich der sehr vielteilige Pontos[G], dessen innerster Winkel Maiotis[G] heißt, während er außerhalb (393b) in Richtung Hellespontos[G] mit der sogenannten Propontis[G] eine Mündung hat.

In der Gegend des Aufgangs der Sonne strömt wieder der Okeanos herein, eröffnet den Indischen[G] und den Persischen[G] Golf und lässt ihren Zusammenhang mit dem Roten Meer[G] deutlich werden, indem er sie (alle drei) umfasst. Bei dem anderen (nordöstlichen) Horn (*keras*, Landvorsprung) reicht er durch einen schmalen, langen Nacken (*auchen*) herein und breitet sich dann wieder aus, indem er Hyrkanien[G] und Kaspien[G] begrenzt; jenseits davon aber nimmt er den weiten Platz nördlich des Maiotis[G]-Sees ein. Dann schnürt er jenseits der Skythen[G] und des Keltenlandes[G] allmählich die *Oikoumene* ein, wo er mit dem Galatischen Golf[G] und bei den vorgenannten Säulen des Herakles an sie herantritt. Außerhalb der Säulen umfließt der Okeanos die Erde.

[Ap 7] In diesem gibt es, wie es sich fügt, zwei sehr große Inseln, die britannischen[G] genannt, Albion[G] und Iërne[G], größer als die, von denen zuvor gesprochen worden ist; sie liegen jenseits der Kelten[G]. Nicht kleiner als sie sind Taprobane[G], über Indien hinaus, schräg zur bewohnten Erde gelegen, und die Phebol[G] genannte Insel im Arabischen Golf[G]. Viele andere kleine Inseln in der Umgebung der britannischen und des iberischen[G] Landes liegen wie im Kranz rings um diese (unsere) *Oikoumene*, von der wir

νῆσον εἰρήκαμεν· ἧς πλάτος μέν ἐστι κατὰ τὸ βαθύτατον τῆς ἠπείρου βραχὺ ἀποδέον τετρακισμυρίων σταδίων, ὥς φασιν οἱ εὖ γεωγραφήσαντες, μῆκος δὲ περὶ ἑπτακισμυρίους μάλιστα. διαιρεῖται δὲ εἴς τε Εὐρώπην καὶ Ἀσίαν καὶ Λιβύην.

Εὐρώπη μὲν οὖν ἐστιν ἧς ὅροι κύκλῳ στῆλαί τε Ἡρακλέους καὶ μυχοὶ Πόντου θάλαττά τε Ὑρκανία, καθ' ἣν στενότατος ἰσθμὸς εἰς τὸν Πόντον διήκει· τινὲς δὲ ἀντὶ τοῦ ἰσθμοῦ Τάναϊν ποταμὸν εἰρήκασιν. Ἀσία δέ ἐστι τὸ ἀπὸ τοῦ εἰρημένου ἰσθμοῦ τοῦ τε Πόντου καὶ τῆς Ὑρκανίας θαλάσσης μέχρι θατέρου ἰσθμοῦ, ὃς μεταξὺ κεῖται τοῦ τε Ἀραβικοῦ κόλπου καὶ τῆς ἔσω θαλάσσης, περιεχόμενος ὑπό τε ταύτης καὶ τοῦ πέριξ Ὠκεανοῦ· τινὲς δὲ ἀπὸ Τανάϊδος μέχρι Νείλου στομάτων τὸν τῆς Ἀσίας τίθενται ὅρον. λιβύη δὲ τὸ ἀπὸ τοῦ Ἀραβικοῦ ἰσθμοῦ ἕως Ἡρακλέους στηλῶν. οἱ δὲ ἀπὸ (394a) τοῦ Νείλου φασὶν ἕως ἐκείνων. τὴν δὲ Αἴγυπτον, ὑπὸ τῶν τοῦ Νείλου στομάτων περιρρεομένην, οἱ μὲν τῇ Ἀσίᾳ, οἱ δὲ τῇ Λιβύῃ προσάπτουσι, καὶ τὰς νήσους οἱ μὲν ἐξαιρέτους ποιοῦσιν, οἱ δὲ προσνέμουσι ταῖς γείτοσιν ἀεὶ μοίραις.

γῆς μὲν δὴ καὶ θαλάττης φύσιν καὶ θέσιν, ἥντινα καλεῖν εἰώθαμεν οἰκουμένην, τοιάνδε τινὰ ἱστορήκαμεν.

als Insel gesprochen haben. Ihre Breite beträgt, an der weitesten Ausdehnung des Festlandes gemessen, knapp 40 000 Stadien[G], wie die guten Geographen sagen, die Länge höchstens 70 000. Eingeteilt wird sie in Europa, Asien und Afrika (*Libye*).

Europa nun ist das Land, dessen Grenzen ringsherum die Säulen des Herakles[G], die Buchten des Pontos[G] und das Hyrkanische Meer[G] sind, dort wo der schmalste Isthmos zum Pontos[G] hindurchkommt. Einige haben jedoch anstelle des Isthmos den Fluss Tanaïs[G] genannt. Asien aber ist das Land, das sich von dem genannten Isthmos zwischen dem Pontos und dem Hyrkanischen Meer bis zu dem anderen Isthmos erstreckt, der zwischen dem Arabischen Golf[G] und dem inneren Meer liegt, umfangen von diesem und dem Okeanos[G] ringsum. Einige ziehen jedoch die Grenze Asiens vom Tanaïs bis zu den Mündungen des Nil. Afrika dagegen reicht vom arabischen Isthmos bis zu den Säulen des Herakles; manche sagen, vom (394a) Nil bis zu jenen. Ägypten aber, soweit es von den Mündungen des Nil umströmt wird, rechnen die einen zu Asien, die anderen zu Afrika; dabei nimmt man teils die Inseln aus, teils weist man sie den jeweils benachbarten Gebieten zu.

[Ap 8] Von Erde und Meer haben wir damit Natur und Lage, soweit wir sie *Oikoumene* zu nennen pflegen, auf solche Weise erkundet.

(4) περὶ δὲ τῶν ἀξιολογωτάτων ἐν αὐτῇ καὶ περὶ αὐτὴν παθῶν νῦν λέγωμεν, αὐτὰ τὰ ἀναγκαῖα κεφαλαιούμενοι.

δύο γὰρ δή τινες ἀπ᾽ αὐτῆς ἀναθυμιάσεις ἀναφέρονται συνεχῶς εἰς τὸν ὑπὲρ ἡμᾶς ἀέρα, λεπτομερεῖς καὶ ἀόρατοι παντάπασιν, εἰ [τι] μὴ κατὰ τὰς ἑῴας ἔστιν ὅτε ἀπὸ ποταμῶν τε καὶ ναμάτων ἀναφερόμεναι θεωροῦνται. τούτων δὲ ἡ μέν ἐστι ξηρὰ καὶ καπνώδης, ἀπὸ τῆς γῆς ἀπορρέουσα, ἡ δὲ νοτερὰ καὶ ἀτμώδης, ἀπὸ τῆς ὑγρᾶς ἀναθυμιωμένη φύσεως. γίνονται δὲ ἀπὸ μὲν ταύτης ὁμίχλαι καὶ δρόσοι καὶ πάγων ἰδέαι νέφη τε καὶ ὄμβροι καὶ χιόνες καὶ χάλαζαι, ἀπὸ δὲ τῆς ξηρᾶς ἄνεμοί τε καὶ πνευμάτων διαφοραὶ βρονταί τε καὶ ἀστραπαὶ καὶ πρηστῆρες καὶ κεραυνοὶ καὶ τὰ ἄλλα ἃ δὴ τούτοις ἐστὶ σύμφυλα.

ἔστι δὲ ὁμίχλη μὲν ἀτμώδης ἀναθυμίασις ἄγονος ὕδατος, ἀέρος μὲν παχυτέρα, νέφους δὲ ἀραιοτέρα· γίνεται δὲ ἤτοι ἐξ ἀρχῆς νέφους ἢ ἐξ ὑπολείμματος. ἀντίπαλος δὲ αὐτῇ λέγεταί τε καὶ ἔστιν αἰθρία, οὐδὲν ἄλλο οὖσα πλὴν ἀὴρ ἀνέφελος καὶ ἀνόμιχλος. δρόσος δέ ἐστιν ὑγρὸν ἐξ αἰθρίας κατὰ σύστασιν λεπτὴν φερόμενον,

κρύσταλλος δὲ ἀθρόον ὕδωρ ἐξ αἰθρίας πεπηγός, πάχνη δὲ δρόσος πεπηγυῖα, δροσοπάχνη δὲ ἡμιπαγὴς δρόσος. νέφος δέ ἐστι πάχος ἀτμῶδες συνεστραμμένον, γόνιμον ὕδατος· ὄμβρος δὲ γίνεται μὲν κατ᾽ ἐκπιεσμὸν νέφους εὖ μάλα πεπαχυσμένου, διαφορὰς δὲ ἴσχει τοσάσδε ὅσας καὶ ἡ τοῦ νέφους θλῖψις· ἠπία μὲν γὰρ οὖσα μαλακὰς ψεκάδας διασπείρει, σφοδρὰ δὲ ἁδροτέρας· καὶ τοῦτο καλοῦμεν ὑετόν, ὄμβρου μείζω καὶ

II 2 Meteorologie: Feuchte und trockene Dämpfe

(Ar 4) Jetzt wollen wir von den am meisten bemerkenswerten Geschehnissen (*pathe*) auf ihr (der Erde) und um sie herum sprechen, indem wir die notwendigen Dinge zusammenfassen.

Zwei bestimmte Dämpfe (*anathymiaseis*, »Ausdampfungen«) gibt es, die unablässig von ihr in die über uns liegende Luft emporsteigen, feinteilig und völlig unsichtbar, sofern sie nicht manchmal am frühen Morgen beobachtet werden können, wenn sie von Flüssen und Quellen aufsteigen. Von ihnen ist der eine trocken und rauchartig, weil er aus der Erde strömt; der andere ist Wasserdampf, der aus der feuchten Natur empordünstet. Aus ihm entstehen Nebel, Tau, die verschiedenen Erscheinungsformen von Frost, Wolken, Regen, Schnee und Hagel; aus dem trockenen dagegen Winde und die verschiedenen Arten von *Pneumata* (Hauchen), nämlich Donner, Blitzleuchten, Glutwinde, Blitzschläge und alles andere damit Verwandte.

Nebel ist eine dampfartige Ausscheidung, aus der kein Wasser hervorgeht, dicker als Luft, aber dünner als eine Wolke; er entsteht entweder aus dem Beginn einer Wolke oder aus dem, was übrig bleibt. Das Gegenstück zu ihm heißt und ist »klarer Himmel« (*aithria*), also nichts anderes als Luft ohne Wolken und Nebel. Tau ist ein feinteiliger, feuchter Niederschlag aus klarem Himmel.

[Ap 9] Eis ist Wasser, das als Masse aus klarem Himmel gefroren ist; Reif ist gefrorener, Taureif halbgefrorener Tau. Eine Wolke ist eine zusammengeballte Dunstmasse, die Wasser erzeugt. Regen aber entsteht dann, wenn eine sehr fest geballte Wolke ausgepresst wird. Seine Arten variieren entsprechend den Graden der Wolkenverdichtung: Wenn diese sanft ist, sprüht er nur weiche Tropfen, ist sie stark, fallen die Tropfen dichter; wir nennen das

συνεχῆ συστρέμματα ἐπὶ γῆς φερόμενον. χιὼν δὲ γίνεται κατὰ νεφῶν πεπυκνωμένων ἀπόθραυσιν πρὸ τῆς εἰς ὕδωρ μεταβολῆς ἀνακοπέντων· ἐργάζεται δὲ ἡ μὲν κοπὴ τὸ ἀφρῶδες καὶ ἔκλευκον, ἡ δὲ σύμπηξις τοῦ ἐνόντος ὑγροῦ τὴν ψυχρότητα οὔπω χυθέντος οὐδὲ ἠραιωμένου. σφοδρὰ (394b) δὲ αὕτη καὶ ἀθρόα καταφερομένη νιφετὸς ὠνόμασται. χάλαζα δὲ γίνεται νιφετοῦ συστραφέντος καὶ βρῖθος ἐκ πιλήματος εἰς καταφορὰν ταχυτέραν λαβόντος· παρὰ δὲ τὰ μεγέθη τῶν ἀπορρηγνυμένων θραυσμάτων οἵ τε ὄγκοι μείζους αἵ τε φοραὶ γίνονται βιαιότεραι.

ταῦτα μὲν οὖν ἐκ τῆς ὑγρᾶς ἀναθυμιάσεως πέφυκε συμπίπτειν.

ἐκ δὲ τῆς ξηρᾶς ὑπὸ ψύχους μὲν ὠσθείσης ὥστε ῥεῖν ἄνεμος ἐγένετο· οὐδὲν γάρ ἐστιν οὗτος πλὴν ἀὴρ πολὺς ῥέων καὶ ἀθρόος· ὅστις ἅμα καὶ πνεῦμα λέγεται. λέγεται δὲ καὶ ἑτέρως πνεῦμα ἥ τε ἐν φυτοῖς καὶ ζῴοις καὶ διὰ πάντων διήκουσα ἔμψυχός τε καὶ γόνιμος οὐσία, περὶ ἧς νῦν λέγειν οὐκ ἀναγκαῖον. τὰ δὲ ἐν ἀέρι πνέοντα πνεύματα καλοῦμεν ἀνέμους, αὔρας δὲ τὰς ἐξ ὑγροῦ φερομένας ἐκπνοάς. τῶν δὲ ἀνέμων οἱ μὲν ἐκ νενοτισμένης γῆς πνέοντες ἀπόγειοι λέγονται, οἱ δὲ ἐκ κόλπων διεξᾴττοντες ἐγκολπίαι· τούτοις δὲ ἀνάλογόν τι ἔχουσιν οἱ ἐκ ποταμῶν καὶ λιμνῶν. οἱ δὲ κατὰ ῥῆξιν νέφους γινόμενοι καὶ ἀνάλυσιν τοῦ πάχους εἰς ἑαυτοὺς ποιούμενοι ἐκνεφίαι καλοῦνται· μεθ᾽ ὕδατος δὲ ἀθρόον ῥαγέντες ἐξυδρίαι λέγονται.

Platzregen, der kräftiger als ein Regen ist und Wasserballungen in ununterbrochenem Zusammenhang auf die Erde schüttet. Schnee entsteht beim Zerspringen festgeballter Wolken, die vor ihrem völligen Übergang in Wasser schlagartig gehemmt werden; es bewirkt dieser plötzliche Gegenschlag das Schaumige und die hellweiße Farbe, während das Gefrieren der Feuchtigkeit innen, die noch nicht ausgetreten und verteilt ist, die Kälte des Schnees zur Folge hat. Wenn er stark (394b) und massenhaft fällt, heißt er Schneesturm. Hagel aber entsteht, wenn dicht fallende Schneeflocken sich ballen und infolge der Verdichtung eine Schwere zu schnellerem Fall gewinnen. Je nach der Größe der abgebrochenen Schwellungen (der Wolke) ist ihr Gewicht erheblicher und ihr Fall gewaltsamer.

[Ap 10] Dies also sind die Naturerscheinungen, die sich aus dem feuchten Dampf ergeben.

Aus dem trockenen aber entsteht, wenn er durch den Anstoß von Kälte ins Strömen gebracht wurde, der Wind; dieser ist ja nichts anderes als Luft, die massenhaft und gesammelt strömt. Er wird auch *Pneuma* (Hauch) genannt. In anderem Sinn nennt man *Pneuma* die in Pflanzen und lebendigen Wesen vorhandene alles durchdringende, beseelte und zeugungskräftige Wesenheit (*ousia*), über die zu sprechen jetzt nicht nötig ist. Die *Pneuma*-Strömungen in der Luft nennen wir Winde[W], Brisen dagegen die vom Feuchten aufsteigenden Dünste. Von den Brisen heißen diejenigen, die von angefeuchteter Erde her wehen, Landwinde, die von Golfen herströmenden Golfwinde; diesen entsprechen etwa die Winde von Flüssen und Seen. Winde, die beim Platzen einer Wolke entstehen und deren Ballung in die eigene Masse auflösen, heißen *Eknephiai* (»Wolkenwinde«; Windhosen); stürzen sie zusammen mit einem starken Wasserausbruch (aus der Wolke), so nennt man sie *Exhydriai* (»Wasserwinde«, Wasserhosen).

καὶ οἱ μὲν ἀπὸ ἀνατολῆς συνεχεῖς εὖροι κέκληνται, βορέαι δὲ οἱ ἀπὸ ἄρκτου, ζέφυροι δὲ οἱ ἀπὸ δύσεως, νότοι δὲ οἱ ἀπὸ μεσημβρίας. τῶν γε μὴν εὔρων καικίας μὲν λέγεται ὁ ἀπὸ τοῦ περὶ τὰς θερινὰς ἀνατολὰς τόπου πνέων ἄνεμος, ἀπηλιώτης δὲ ὁ ἀπὸ τοῦ περὶ τὰς ἰσημερινάς, εὖρος δὲ ὁ ἀπὸ τοῦ περὶ τὰς χειμερινάς. καὶ τῶν ἐναντίων ζεφύρων ἀργέστης μὲν ὁ ἀπὸ τῆς θερινῆς δύσεως, ὅν τινες καλοῦσιν ὀλυμπίαν, οἱ δὲ ἰάπυγα· ζέφυρος δὲ ὁ ἀπὸ τῆς ἰσημερινῆς, λὶψ δὲ ὁ ἀπὸ τῆς χειμερινῆς. καὶ τῶν βορεῶν ἰδίως ὁ μὲν ἑξῆς τῷ καικίᾳ καλεῖται βορέας, ἀπαρκτίας δὲ ὁ ἐφεξῆς ἀπὸ τοῦ πόλου κατὰ τὸ μεσημβρινὸν πνέων, θρασκίας δὲ ὁ ἑξῆς πνέων τῷ ἀργέστῃ, ὃν ἔνιοι κιρκίαν καλοῦσιν. καὶ τῶν νότων ὁ μὲν ἀπὸ τοῦ ἀφανοῦς πόλου φερόμενος ἀντίπαλος τῷ ἀπαρκτίᾳ καλεῖται νότος, εὐρόνοτος δὲ ὁ μεταξὺ νότου καὶ εὔρου· τὸν δὲ ἐπὶ θάτερα μεταξὺ λιβὸς καὶ νότου οἱ μὲν λιβόνοτον, οἱ δὲ λιβοφοίνικα, καλοῦσιν.

τῶν δὲ ἀνέμων οἱ μέν εἰσιν εὐθύπνοοι, ὁπόσοι διεκπνέουσι πρόσω κατ᾽ εὐθεῖαν, οἱ δὲ ἀνακαμψίπνοοι, καθάπερ (395a) ὁ καικίας λεγόμενος, καὶ οἱ μὲν χειμῶνος, ὥσπερ οἱ νότοι, δυναστεύοντες, οἱ δὲ θέρους, ὡς οἱ ἐτησίαι λεγόμενοι, μῖξιν ἔχοντες τῶν τε ἀπὸ τῆς ἄρκτου φερομένων καὶ ζεφύρων· οἱ δὲ ὀρνιθίαι καλούμενοι, ἐαρινοί τινες ὄντες ἄνεμοι, βορέαι εἰσὶ τῷ γένει.

τῶν γε μὴν βιαίων πνευμάτων καταιγὶς μέν ἐστι πνεῦμα ἄνωθεν τύπτον ἐξαίφνης, θύελλα δὲ πνεῦμα βίαιον καὶ ἄφνω προσαλλόμενον, λαῖλαψ δὲ καὶ στρόβιλος πνεῦμα εἰλούμενον κάτω-

[Ap 11] Die beständig von Sonnenaufgang (Osten) kommenden Winde[W] werden *Euroi* genannt, *Boreades* die Nordwinde, *Zephyroi* die Westwinde, *Notoi* die Winde von Mittag (Süden) her. Unter den *Euroi* heißt *Kaikias* der vom Ort des hochsommerlichen Sonnenaufgangs herwehende, *Apeliotes* der vom Platz der Tagundnachtgleiche, *Euros* der vom winterlichen Sonnenaufgang herkommende Wind. Unter den entgegengesetzten *Zephyroi* weht der *Argestes* vom sommerlichen Sonnenuntergang her; manche nennen ihn *Olympias*, andere *Iapyx*. *Zephyros* heißt der vom Ort des Sonnenuntergangs zur Tagundnachtgleiche, *Lips* der vom winterlichen Sonnenuntergang herkommende Wind. Unter den *Boreai* heißt speziell *Boreas* der auf den *Kaikias* folgende, anschließend kommt *Aparktias*, der vom Pol nach Süden weht, dann als Nachbar des *Argestes* der *Thraskias*, den einige *Kirkias* nennen. Unter den Südwinden heißt der als Gegenstück des *Aparktias* vom unsichtbaren Pol herkommende Wind *Notos*, *Euronotos* der Wind zwischen *Euros* und *Notos*. Den entsprechenden auf der anderen Seite, zwischen *Lips* und *Notos*, nennen die einen *Libonotos*, andere *Libophoinix*.

[Ap 12] Von den Winden sind die einen Geradeausweher, die nämlich in gerader Bahn nach vorne wehen, die anderen Kehrwinde, wie (395a) der eben genannte *Kaikias*; die einen herrschen im Winter, wie die *Notoi*, die anderen im Sommer, wie die sogenannten *Etesiai* (»Jahreswinde«, Passatwinde), die eine Mischung zwischen den von Norden kommenden und den Westwinden darstellen. Die sogenannten *Ornithiai* (»Vogelwinde«), eine Art von Frühjahrswinden, gehören zur Gattung der *Boreai*.

Unter den gewaltsamen *Pneumata* ist der *Kataigis* (Fallwind) ein plötzlich aus der Höhe herunterfahrender Windstoß, *Thyella* (Bö) ein mit Wucht unversehens anspringender Wind. *Lailaps* (Wirbelwind) und *Strobilos* (Kreisel) sind ein *Pneuma*, das sich drehend

θεν ἄνω, ἀναφύσημα δὲ γῆς πνεῦμα ἄνω φερόμενον κατὰ τὴν ἐκ βυθοῦ τινος ἢ ῥήγματος ἀνάδοσιν· ὅταν δὲ εἰλούμενον πολὺ φέρηται, πρηστὴρ χθόνιός ἐστιν. εἰληθὲν δὲ πνεῦμα ἐν νέφει παχεῖ τε καὶ νοτερῷ, καὶ ἐξωσθὲν δι' αὐτοῦ, βιαίως ῥηγνύον τὰ συνεχῆ πιλήματα τοῦ νέφους, βρόμον καὶ πάταγον μέγαν ἀπειργάσατο, <ὅς> βροντὴ λέγεται, ὥσπερ ἐν ὕδατι πνεῦμα σφοδρῶς ἐλαυνόμενον.

κατὰ δὲ τὴν τοῦ νέφους ἔκρηξιν πυρωθὲν τὸ πνεῦμα καὶ λάμψαν ἀστραπὴ λέγεται· ὃ δὴ πρότερον τῆς βροντῆς προσέπεσεν, ὕστερον γενόμενον, ἐπεὶ τὸ ἀκουστὸν ὑπὸ τοῦ ὁρατοῦ πέφυκε φθάνεσθαι, τοῦ μὲν καὶ πόρρωθεν ὁρωμένου, τοῦ δὲ ἐπειδὰν ἐμπελάσῃ τῇ ἀκοῇ, καὶ μάλιστα ὅταν τὸ μὲν τάχιστον ᾖ τῶν ὄντων, λέγω δὲ τὸ πυρῶδες, τὸ δὲ ἧττον ταχύ, ἀερῶδες ὄν, ἐν τῇ πλήξει πρὸς ἀκοὴν ἀφικνούμενον. τὸ δὲ ἀστράψαν ἀναπυρωθέν, βιαίως ἄχρι τῆς γῆς διεκθέον, κεραυνὸς καλεῖται, ἐὰν δὲ ἡμίπυρον ᾖ, σφοδρὸν δὲ ἄλλως καὶ ἀθρόον, πρηστήρ, ἐὰν δὲ ἄπυρον παντελῶς, τυφών· ἕκαστον δὲ τούτων κατασκῆψαν εἰς τὴν γῆν σκηπτὸς ὀνομάζεται. τῶν δὲ κεραυνῶν οἱ μὲν αἰθαλώδεις ψολόεντες λέγονται, οἱ δὲ ταχέως διᾴττοντες ἀργῆτες, ἑλικίαι δὲ οἱ γραμμοειδῶς φερόμενοι, σκηπτοὶ δὲ ὅσοι κατασκήπτουσιν εἰς τὴν γῆν.

von unten nach oben bewegt. *Anaphysema Ges* (»Aufgeblasenes der Erde«) heißt ein *Pneuma*, das an der Öffnung eines tiefen Lochs oder einer Erdspalte nach oben zieht; kommt es als wirbelnde Masse, dann ist es ein *Prester Chthonios* (»Erden-Feuersturm«). Wenn aber *Pneuma*, das in einer dichten, feuchten Wolke wirbelt, von dieser gewaltsam ausgestoßen wird, so bewirkt es beim Zerreißen der zusammenhängenden Wolkenmasse ein gewaltiges Krachen und Tosen, das *Bronte* (Donner) genannt wird, ähnlich der Wirkung von *Pneuma*, das in Wasser heftig umgetrieben wird.

[Ap 13–14 *ohne Entsprechung bei Ar*]

[Ap 15] Wenn das *Pneuma* an der Rissstelle der Wolke ins Glühen und Leuchten gerät, heißt es Blitz. Dieser wird eher wahrnehmbar als der Donner, obwohl der Blitz später entsteht, da das Hörbare vom Sichtbaren natürlich überholt wird, weil nämlich das eine schon von ferne wahrgenommen wird, das andere dagegen erst, nachdem es sich dem Gehör genähert hat. Besonders gilt das, wenn es sich einerseits um das schnellste der seienden Dinge, ich meine: das Feurige, handelt, andererseits um das langsamere Luftartigere, das erst im Auftreffen zum Gehör gelangt. Das als Blitz entzündete *Pneuma* wird, wenn es gewaltsam bis zur Erde durchfährt, *Keraunos* genannt; wenn es nur halbfeurig, sonst aber wuchtig und dicht geballt ist, heißt es *Prester*, ist es überhaupt nicht feurig, hat man dafür den Namen *Typhon* (Taifun). Alle diese Phänomene aber nennt man, wenn es zu einem Herunterschlagen auf die Erde kommt, *Skeptos*. Von den *Keraunoi* wirken manche flammend und heißen *Aithalodeis* (»Glanzartige«), andere zucken rasch vorbei, die *Argetes* (»Gleißer«). *Helikiai* (»Schlängler«) sind die in Wellenlinien dahinfahrenden, *Skeptoi* heißen aber alle, die auf die Erde herunterschlagen.

συλλήβδην δὲ τῶν ἐν ἀέρι φαντασμάτων τὰ μέν ἐστι κατ' ἔμφασιν, τὰ δὲ καθ' ὑπόστασιν – κατ' ἔμφασιν μὲν ἴριδες καὶ ῥάβδοι καὶ τὰ τοιαῦτα, καθ' ὑπόστασιν δὲ σέλα τε καὶ διᾴττοντες καὶ κομῆται καὶ τὰ τούτοις παραπλήσια. ἶρις μὲν οὖν ἐστιν ἔμφασις ἡλίου τμήματος ἢ σελήνης, ἐν νέφει νοτερῷ καὶ κοίλῳ καὶ συνεχεῖ πρὸς φαντασίαν, ὡς ἐν κατόπτρῳ, θεωρουμένη κατὰ κύκλου περιφέρειαν. ῥάβδος δέ ἐστιν ἴριδος ἔμφασις εὐθεῖα. ἅλως δέ ἐστιν ἔμφασις λαμπρότη(395b)τος ἄστρου περίαυγος· διαφέρει δὲ ἴριδος ὅτι ἡ μὲν ἶρις ἐξ ἐναντίας φαίνεται ἡλίου καὶ σελήνης, ἡ δὲ ἅλως κύκλῳ παντὸς ἄστρου. σέλας δέ ἐστι πυρὸς ἀθρόου ἔξαψις ἐν ἀέρι. τῶν δὲ σελάων ἃ μὲν ἀκοντίζεται, ἃ δὲ στηρίζεται. ὁ μὲν οὖν ἐξακοντισμός ἐστι πυρὸς γένεσις ἐκ παρατρίψεως ἐν ἀέρι φερομένου ταχέως καὶ φαντασίαν μήκους ἐμφαίνοντος διὰ τὸ τάχος, ὁ δὲ στηριγμός ἐστι χωρὶς φορᾶς προμήκης ἔκτασις καὶ οἷον ἄστρου ῥύσις· πλατυνομένη δὲ κατὰ θάτερον κομήτης καλεῖται. πολλάκις δὲ τῶν σελάων τὰ μὲν ἐπιμένει πλείονα χρόνον, τὰ δὲ παραχρῆμα σβέννυται. πολλαὶ δὲ καὶ ἄλλαι φαντασμάτων ἰδέαι θεωροῦνται, λαμπάδες τε καλούμεναι καὶ δοκίδες καὶ πίθοι καὶ βόθυνοι, κατὰ τὴν πρὸς ταῦτα ὁμοιότητα ὧδε προσαγορευθεῖσαι. καὶ τὰ μὲν τούτων ἑσπέρια, τὰ δὲ ἑῷα, τὰ δὲ ἀμφιφανῆ θεωρεῖται, σπανίως δὲ βόρεια καὶ νότια. πάντα δὲ ἀβέβαια· οὐδέποτε γάρ τι τούτων ἀεὶ φανερὸν ἱστόρηται κατεστηριγμένον. τὰ μὲν τοίνυν ἀέρια τοιαῦτα.

[Ap 16] Insgesamt sind die Erscheinungen in der Luft teils bloße Spiegelung (*phantasmata*), teils haben sie wirkliches Wesen (*hypostasis*). Spiegelungen sind *Irides* (Regenbögen), *Rhabdoi* (»Stäbe«) und dergleichen, wesenhaft hingegen sind Himmelsleuchten (*Sela*), Sternschnuppen (*Diattontes*), Haarsterne (*Kometai*) und verwandte Phänomene am Himmel. Der Regenbogen nun ist die Spiegelung eines Abschnitts der Sonne oder des Mondes, gesehen wie in einem Spiegel auf einer feuchten, konkaven und dem Augenschein nach zusammenhängenden Wolke, und zwar als Kreislinie gesehen. Ein *Rhabdos* ist eine geradlinige *Iris*-Spiegelung, eine *Halos* (Halo) ist der sehr helle Glanz-Eindruck, (395b) der rings um einen Stern strahlt; er unterscheidet sich von der *Iris* darin, dass dieser der Sonne und dem Mond gegenüber sichtbar wird, die *Halos* aber im Kreis um jeden Stern erscheinen kann. Himmelsleuchten ist die Entzündung einer feurigen Masse in der Luft; solche Lichter werden teils wie Geschosse geschleudert, teils sind sie auf ihrem Platz fest. Der Wurfbewegung liegt Feuerentstehung aufgrund von Reibung zugrunde; das Feuer bewegt sich rasch durch die Luft und erweckt durch die Schnelligkeit den Eindruck gestreckter Länge. Dagegen entspricht das Stillstehen des Lichtes einer ohne Ortsbewegung langgestreckten Feuerbahn; es sieht aus wie das Sich-Ergießen eines Sterns. Verbreitert sich die Erscheinung auf der einen Seite, so heißt sie Haarstern (*Kometes*). Von diesen Himmelslichtern dauern die einen längere Zeit, andere erlöschen sofort. Man kann auch noch viele andere Arten von Lichtphänomenen (am Himmel) betrachten, sogenannte Fackeln, Stäbe (*Dokides*), Fässer (*Pithoi*), Gruben (*Bothynoi*), die nach der Ähnlichkeit mit diesen Gegenständen so heißen. Man kann sie teils im Westen, teils im Osten sehen, auch gleichzeitig in beiden Himmelsregionen, selten aber im Norden und Süden. Allesamt aber haben sie keinen festen Bestand; keine Kunde liegt darüber vor, dass jemals eines dieser Phänomene immerfort an einem festen Platz sichtbar gewesen sei. Von solcher Art also sind die Erscheinungen in den Lüften.

ἐμπεριέχει δὲ καὶ ἡ γῆ πολλὰς ἐν αὑτῇ, καθάπερ ὕδατος, οὕτως καὶ πνεύματος καὶ πυρὸς πηγάς· τούτων δὲ αἱ μὲν ὑπὸ γῆν εἰσιν ἀόρατοι, πολλαὶ δὲ ἀναπνοὰς ἔχουσι καὶ ἀναφυσήσεις, ὥσπερ Λιπάρα τε καὶ Αἴτνη καὶ αἱ ἐν Αἰόλου νήσοις· αἳ δὴ καὶ ῥέουσι πολλάκις ποταμοῦ δίκην, καὶ μύδρους ἀναρριπτοῦσι διαπύρους. ἔνιαι δὲ ὑπὸ γῆν οὖσαι πλησίον πηγαίων ὑδάτων θερμαίνουσι ταῦτα, καὶ τὰ μὲν χλιαρὰ τῶν ναμάτων ἀνιᾶσι, τὰ δὲ ὑπέρζεστα, τὰ δὲ εὖ ἔχοντα κράσεως. ὁμοίως δὲ καὶ τῶν πνευμάτων πολλὰ πολλαχοῦ γῆς στόμια ἀνέῳκται· ὧν τὰ μὲν ἐνθουσιᾶν ποιεῖ τοὺς ἐμπελάζοντας, τὰ δὲ ἀτροφεῖν, τὰ δὲ χρησμῳδεῖν, ὥσπερ τὰ ἐν Δελφοῖς καὶ Λεβαδείᾳ, τὰ δὲ καὶ παντάπασιν ἀναιρεῖ, καθάπερ τὸ ἐν Φρυγίᾳ.

πολλάκις δὲ καὶ συγγενὲς πνεῦμα εὔκρατον ἐν γῇ παρεξωσθὲν εἰς μυχίους σήραγγας αὐτῆς, ἔξεδρον γενόμενον ἐκ τῶν οἰκείων τόπων, πολλὰ μέρη συνεκράδανεν. πολλάκις δὲ πολὺ γενόμενον ἔξωθεν ἐγκατειλήθη τοῖς ταύτης κοιλώμασι καὶ ἀποκλεισθὲν [ἐξόδου] μετὰ βίας αὐτὴν συνετίναξε, ζητοῦν ἔξοδον ἑαυτῷ, καὶ ἀπειργάσατο πάθος τοῦτο ὃ καλεῖν εἰώθαμεν σεισμόν.

τῶν δὲ σει(396a)σμῶν οἱ μὲν εἰς πλάγια σείοντες κατ᾿ ὀξείας γωνίας ἐπικλίνται καλοῦνται, οἱ δὲ ἄνω ῥιπτοῦντες καὶ κάτω κατ᾿ ὀρθὰς γωνίας βράσται, οἱ δὲ συνιζήσεις ποιοῦντες εἰς τὰ κοῖλα ἱζηματίαι· οἱ δὲ χάσματα ἀνοίγοντες καὶ τὴν γῆν

II 3 Geologie: Erd- und Seebeben

[Ap 17] Es umschließt die Erde vieles in sich, etwa zahlreiche Quellen wie von Wasser so von *Pneuma* und Feuer. Von letzteren befinden sich manche unter der Erdoberfläche, den Blicken entzogen, viele aber haben Austritts- und Ausbruchsstellen, wie Lipara[G], Ätna[G] und die auf den aiolischen Inseln[G]; sie fließen, wie bekannt, oftmals wie ein Fluss und werfen auch feurig glühende Massen in die Höhe. Manche Feuer befinden sich unter der Erde in der Nachbarschaft von Quellen und erwärmen diese Gewässer; so lassen sie Quellen teils lauwarm emporsprudeln, teils überaus heiß, teils angenehm temperiert. In gleicher Weise gibt es aber auch für die *Pneumata* vielerorts auf der Erde viele Öffnungen. Manche lassen die sich Nähernden in einen gottbegeisterten Zustand geraten, manche bewirken, dass sie dahinsiechen, andere regen zum Wahrsagen an, wie es in Delphi[G] und Lebadeia[G] geschieht, wieder andere sind auch völlig todbringend wie die in Phrygien[G].

[Ap 18] Oft bringt auch das verwandte *Pneuma*, das im Erdinneren entstanden und komprimiert ist und das die gehörige Mischung erreichte und dann in Höhlengänge abgedrängt wurde, infolge der Trennung vom eigenen Platz viele Teile (der Erdoberfläche) in Erschütterung. Oft verfängt sich auch eine Masse von ihnen von außen in den Höhlungen der Erde, wird abgeschnitten und erschüttert sie bei der Suche nach einem Ausgang mit Gewalt; sie ruft so das Geschehnis hervor, das wir Erdbeben zu nennen pflegen.

Von den Erd(396a)beben werden diejenigen, die in Querrichtung im spitzem Winkel wirken, *Epiklintai* (»Neiger«) genannt; diejenigen, die senkrechte Bewegungen auf und ab vollführen, heißen *Brastai* (»Rüttler«), die ein Absacken in Hohlräume verursachen, *Hizematiai* (»Einstürzer«); eröffnen sie Spalten und reißen

ἀναρρηγνύντες ῥῆκται καλοῦνται. τούτων δὲ οἱ μὲν καὶ πνεῦμα προσαναβάλλουσιν, οἱ δὲ πέτρας, οἱ δὲ πηλόν, οἱ δὲ πηγὰς φαίνουσι τὰς πρότερον οὐκ οὔσας. τινὲς δὲ ἀνατρέπουσι κατὰ μίαν πρόωσιν, οὓς καλοῦσιν ὤστας. οἱ δὲ ἀνταποπάλλοντες καὶ ταῖς εἰς ἑκάτερον ἐγκλίσεσι καὶ ἀποπάλσεσι διορθοῦντες ἀεὶ τὸ σειόμενον παλματίαι λέγονται, τρόμῳ πάθος ὅμοιον ἀπεργαζόμενοι. γίνονται δὲ καὶ μυκηταὶ σεισμοί, σείοντες τὴν γῆν μετὰ βρόμου. πολλάκις δὲ καὶ χωρὶς σεισμοῦ γίνεται μύκημα γῆς, ὅταν τὸ πνεῦμα σείειν μὲν μὴ αὔταρκες ᾖ, ἐνειλούμενον δὲ ἐν αὐτῇ κόπτηται μετὰ ῥοθίου βίας. συσσωματοποιεῖται δὲ τὰ εἰσιόντα πνεύματα καὶ ὑπὸ τῶν ἐν τῇ γῇ ὑγρῶν κεκρυμμένων.

τὰ δὲ ἀνάλογον συμπίπτει [τούτοις] καὶ ἐν θαλάσσῃ· χάσματά τε γὰρ γίνεται θαλάσσης καὶ ἀναχωρήματα πολλάκις καὶ κυμάτων ἐπιδρομαί, ποτὲ μὲν ἀντανακοπὴν ἔχουσαι, ποτὲ δὲ πρόωσιν μόνον, ὥσπερ ἱστορεῖται περὶ Ἑλίκην τε καὶ Βοῦραν. πολλάκις δὲ καὶ ἀναφυσήματα γίνεται πυρὸς ἐν τῇ θαλάσσῃ καὶ πηγῶν ἀναβλύσεις καὶ ποταμῶν ἐκβολαὶ καὶ δένδρων ἐκφύσεις ῥοαί τε καὶ δῖναι ταῖς τῶν πνευμάτων ἀνάλογον, αἱ μὲν ἐν μέσοις πελάγεσιν, αἱ δὲ κατὰ τοὺς εὐρίπους τε καὶ πορθμούς. πολλαί τε ἀμπώτεις λέγονται καὶ κυμάτων ἄρσεις συμπεριοδεύειν ἀεὶ τῇ σελήνῃ κατά τινας ὡρισμένους καιρούς.

ὡς δὲ τὸ πᾶν εἰπεῖν, τῶν στοιχείων ἐγκεκραμένων ἀλλήλοις ἐν ἀέρι τε καὶ γῇ καὶ θαλάσσῃ κατὰ τὸ εἰκὸς αἱ τῶν παθῶν ὁμοιότητες συνίστανται, τοῖς μὲν ἐπὶ μέρους φθορὰς καὶ γενέσεις φέρουσαι, τὸ δὲ σύμπαν ἀνώλεθρόν τε καὶ ἀγένητον φυλάττουσαι.

sie die Erde auf, nennt man sie *Rhektai* (»Zerreißer«). Manche dieser Beben führen auch komprimierte Luft mit nach oben, andere Steine oder Schlamm; wieder andere lassen Quellen ans Licht treten, die es zuvor nicht gab. Manche stürzen mit einem Stoß um und heißen *Ostai* (»Stoßer«). Beben, die einen Rückprall hervorrufen, also die von ihnen betroffene Sache durch Neigung nach einer Seite und Zurückschwingen ständig in seiner Lage halten, bezeichnet man als *Palmatiai* (»Schwinger«); sie bewirken ein Geschehnis, das dem Zittern ähnelt. Es gibt auch *Myketai*-Erdbeben (»Brüller«), welche die Erde unter Donnergetöse erschüttern. Oft gibt es auch ohne Erdbeben ein unterirdisches Brüllen, wenn das *Pneuma* zwar zu Erschütterungen keine ausreichende Kraft besitzt, aber in der Erde eingesperrt ist und dann mit dröhnender Gewalt ausbricht. Verstärkt werden die eindringenden *Pneumata* auch von den in der Erde verborgenen Gewässern her.

[Ap 19] Analoges geschieht auch im Meer: Schlünde gibt es im Meer und oft sowohl Rückzüge als auch Sturmfluten, die manchmal einen Rückprall haben, manchmal nur einen Vorstoß vollführen, wie es von Helike[G] und Boura[G] berichtet wird. Oft gibt es auch Feuereruptionen im Meer, Aufsprudeln von Quellen und Sich-Ergießen von Flüssen, Aufsprießen von Bäumen aus den Fluten, Strömungen und Wirbel, die denen der *Pneumata* analog sind, die einen auf hoher See, die anderen in Wassergräben (*euripoi*) und Meerengen (*porthmoi*). Vielfach auch, so sagt man, ereignen sich Ebbe und Flut stets im Einklang mit dem Umlauf des Mondes zu bestimmten definierten Zeiten.

Um das Ganze zu sagen: Da die Elemente miteinander vermischt sind, entspricht es der Erwartung, dass die Geschehnisse in der Luft, auf der Erde und im Meer einander ähnlich sind. Im Einzelnen bringen sie Vergehen und Werden, das Gesamte aber bewahren sie als etwas Unvergängliches und Ungewordenes.

(5) καίτοι γέ τις ἐθαύμασε πῶς ποτε, ἐκ τῶν ἐναντίων ἀρχῶν συνεστηκὼς ὁ κόσμος, λέγω δὲ ξηρῶν τε καὶ ὑγρῶν, ψυχρῶν τε καὶ θερμῶν, οὐ πάλαι διέφθαρται καὶ (396b) ἀπόλωλεν, ὡς κἂν εἰ πόλιν τινὲς θαυμάζοιεν, ὅπως διαμένει συνεστηκυῖα ἐκ τῶν ἐναντιωτάτων ἐθνῶν, πενήτων λέγω καὶ πλουσίων, νέων γερόντων, ἀσθενῶν ἰσχυρῶν, πονηρῶν χρηστῶν. ἀγνοοῦσι δὲ ὅτι τοῦτ' ἦν πολιτικῆς ὁμονοίας τὸ θαυμασιώτατον, λέγω δὲ τὸ ἐκ πολλῶν μίαν καὶ ὁμοίαν ἐξ ἀνομοίων ἀποτελεῖν διάθεσιν ὑποδεχομένην πᾶσαν καὶ φύσιν καὶ τύχην. ἴσως δὲ τῶν ἐναντίων ἡ φύσις γλίχεται καὶ ἐκ τούτων ἀποτελεῖ τὸ σύμφωνον, οὐκ ἐκ τῶν ὁμοίων, ὥσπερ ἀμέλει τὸ ἄρρεν συνήγαγε πρὸς τὸ θῆλυ καὶ οὐχ ἑκάτερον πρὸς τὸ ὁμόφυλον, καὶ τὴν πρώτην ὁμόνοιαν διὰ τῶν ἐναντίων συνῆψεν, οὐ διὰ τῶν ὁμοίων.

ἔοικε δὲ καὶ ἡ τέχνη τὴν φύσιν μιμουμένη τοῦτο ποιεῖν. ζωγραφία μὲν γὰρ λευκῶν τε καὶ μελάνων, ὠχρῶν τε καὶ ἐρυθρῶν, χρωμάτων ἐγκερασαμένη φύσεις τὰς εἰκόνας τοῖς προηγουμένοις ἀπετέλεσε συμφώνους, μουσικὴ δὲ ὀξεῖς ἅμα καὶ βαρεῖς, μακρούς τε καὶ βραχεῖς, φθόγγους μίξασα ἐν διαφόροις φωναῖς μίαν ἀπετέλεσεν ἁρμονίαν, γραμματικὴ δὲ ἐκ φωνηέντων καὶ ἀφώνων γραμμάτων κρᾶσιν ποιησαμένη τὴν ὅλην τέχνην ἀπ' αὐτῶν συνεστήσατο. ταὐτὸ δὲ τοῦτο ἦν καὶ τὸ παρὰ τῷ σκοτεινῷ λεγόμενον Ἡρακλείτῳ· »Συλλάψιες ὅλα

III Das Heil der Welt

III 1 Die kosmische Harmonie

(Ar 5) [Ap 20] Allerdings hat sich mancher wohl schon darüber gewundert, wie denn die Welt, die doch aus den bekannten gegensätzlichen Prinzipien – ich meine: Trocken und Feucht, Kalt und Warm – zusammengefügt ist, nicht schon längst zerstört wurde und (396b) zugrunde gegangen ist, wie man sich wohl auch über eine Polis[H] wundern mag, dass sie Bestand hat, obwohl sie aus den am weitesten entgegengesetzten Menschengruppen zusammengefügt ist – ich meine: Arm und Reich, Jung und Alt, Schwach und Stark, Böse und Gut. Es wissen die Leute nicht, dass dies das größte Wunder der Polis-Eintracht war. Ich aber meine: Die Vielheit ist es, aus der sie einen einheitlichen, die Ungleichmäßigkeit, aus der sie einen gleichmäßigen Zustand erlangt haben, der ein Fundament für jede Wesensart und jede Lebenslage bietet. Die Gegensätze sind es doch wohl, nach denen die Natur strebt, aus ihnen schafft sie den Einklang, nicht aus dem Gleichartigen, wie sie ja fraglos das Männliche zum Weiblichen geführt hat und nicht jedes Geschlecht zu seinesgleichen, und also die ursprüngliche Eintracht durch Gegensätzliches zusammengeknüpft hat, nicht durch Gleichartiges.

Es scheint auch die Kunst (*techne*) es so zu machen, die ja die Natur nachahmt: Indem nämlich die Malerei die Eigenschaften der schwarzen und weißen, gelben und roten Farbe ineinander mengt, erreicht sie die Übereinstimmung mit der Vorlage. Die Musik mischt hohe und tiefe, lange und kurze Töne innerhalb verschiedener Stimmen und bewirkt so eine einzige Harmonie. Die Schreibkunst stellt, indem sie eine Mischung von Vokalen und Konsonanten herbeiführt, ihre ganze Kunst zusammen. Genau dies war auch der Sinn des Ausspruchs bei dem dunklen Herakleitos (22 B 10): »Zusammenfassungen – Alles und nicht Alles, Einträchtiges Zwie-

καὶ οὐχ ὅλα, συμφερόμενον διαφερόμενον, συνᾷδον διᾷδον· ἐκ πάντων ἓν καὶ ἐξ ἑνὸς πάντα.«

οὕτως οὖν καὶ τὴν τῶν ὅλων σύστασιν, οὐρανοῦ λέγω καὶ γῆς τοῦ τε σύμπαντος κόσμου, διὰ τῆς τῶν ἐναντιωτάτων κράσεως ἀρχῶν μία διεκόσμησεν ἁρμονία· ξηρὸν γὰρ ὑγρῷ, θερμὸν δὲ ψυχρῷ, βαρεῖ τε κοῦφον μιγὲν, καὶ ὀρθὸν περιφερεῖ, γῆν τε πᾶσαν καὶ θάλασσαν αἰθέρα τε καὶ ἥλιον καὶ σελήνην καὶ τὸν ὅλον οὐρανὸν διεκόσμησε μία [ἡ] διὰ πάντων διήκουσα δύναμις, ἐκ τῶν ἀμίκτων καὶ ἑτεροίων, ἀέρος τε καὶ γῆς καὶ πυρὸς καὶ ὕδατος, τὸν σύμπαντα κόσμον δημιουργήσασα καὶ μιᾷ διαλαβοῦσα σφαίρας ἐπιφανείᾳ τάς τε ἐναντιωτάτας ἐν αὐτῷ φύσεις ἀλλήλαις ἀναγκάσασα ὁμολογῆσαι καὶ ἐκ τούτων μηχανησαμένη τῷ παντὶ σωτηρίαν. αἰτία δὲ ταύτης μὲν ἡ τῶν στοιχείων ὁμολογία, τῆς δὲ ὁμολογίας ἡ ἰσομοιρία καὶ τὸ μηδὲν αὐτῶν πλέον (397a) ἕτερον ἑτέρου δύνασθαι· τὴν γὰρ ἴσην ἀντίστασιν ἔχει τὰ βαρέα πρὸς τὰ κοῦφα καὶ τὰ θερμὰ πρὸς θάτερα, τῆς φύσεως ἐπὶ τῶν μειζόνων διδασκούσης ὅτι τὸ ἴσον σωστικόν πώς ἐστιν ὁμονοίας, ἡ δὲ ὁμόνοια τοῦ πάντων γενετῆρος καὶ περικαλλεστάτου κόσμου.

τίς γὰρ ἂν εἴη φύσις τοῦδε κρείττων; ἣν γὰρ ἂν εἴπῃ τις, μέρος ἐστὶν αὐτοῦ. τό τε καλὸν πᾶν ἐπώνυμόν ἐστι τούτου καὶ τὸ τεταγμένον, ἀπὸ τοῦ κόσμου λεγόμενον κεκοσμῆσθαι. τί δὲ τῶν ἐπὶ μέρους δύναιτ᾽ ἂν ἐξισωθῆναι τῇ κατ᾽ οὐρανὸν τάξει τε καὶ φορᾷ τῶν ἄστρων ἡλίου τε καὶ σελήνης, κινουμένων ἐν ἀκριβεστάτοις μέτροις ἐξ αἰῶνος εἰς ἕτερον αἰῶνα; τίς δὲ γένοιτ᾽ ἂν ἀψεύδεια τοιάδε, ἥντινα φυλάττουσιν αἱ καλαὶ καὶ γόνιμοι τῶν ὅλων ὧραι, θέρη τε καὶ χειμῶνας ἐπάγουσαι

trächtiges, Einklang Missklang – aus Allem Eines und aus Einem Alles.«

[Ap 21] So hat nun auch den Aufbau des Alls (*ta hola*), des Himmels, der Erde und der gesamten Welt durch die Mischung der gegensätzlichsten Prinzipien (*archai*) eine einzige Harmonie geordnet (*diakosmeo*). Trocken ist mit Feucht, Warm mit Kalt, Leicht mit Schwer, Gerade mit Krumm gemischt. So offenbar auch die ganze Erde und das Meer, Äther, Sonne und Mond. So hat den ganzen Himmel eine einzige durch alles dringende Kraft geordnet. Aus dem Gesonderten und Verschiedenartigen – Luft, Erde, Feuer und Wasser – hat sie die gesamte Welt erbaut; sie umschließt sie durch eine einzige Kugelschale (*sphaira*), sie nötigt die einander feindlichsten in der Welt vorhandenen Naturen, miteinander übereinzukommen und erwirkt so für das Ganze Heil. Ursache dafür ist die Übereinstimmung der Elemente, Ursache der Übereinstimmung aber ist, dass sie zueinander in einem gleichen Verhältnis stehen und kein Element mehr als (397a) das andere wiegt: Schwer und Leicht, Warm und sein Widerpart halten nämlich einander die Waage. So lehrt die Natur am Beispiel der großen Dinge in der Welt, dass in gewissem Sinn vom Gleichen die Erhaltung der Eintracht abhängt und von dieser die Erhaltung der alles erzeugenden, überaus schönen Welt.

[Ap 22] Welche Natur gäbe es denn, die stärker als sie wäre? Was man auch nennen mag, es ist nur ein Teil von ihr. Alles Schöne hat seinen Namen von ihr und alles Geordnete; kommt doch von *kosmos* der Ausdruck *kekosmesthai* (»Geschmücktsein«, »Geordnetsein«). Welches Einzelteil aber kann sich mit der Aufstellung (*taxis*) am Himmel vergleichen, dem Lauf der Sterne, der Sonne und des Mondes, wie sie sich nach den genauesten Maßen bewegen von einer Ewigkeit zur anderen Ewigkeit? Wo gäbe es eine solche Untrüglichkeit, wie sie die schönen Jahreszeiten bewahren, die alle Dinge hervorbringen, die Sommer und Winter geordnet heraufführen, auch Tage und Nächte

τεταγμένως ἡμέρας τε καὶ νύκτας εἰς μηνὸς ἀποτέλεσμα καὶ ἐνιαυτοῦ; καὶ μὴν μεγέθει μὲν οὗτος πανυπέρτατος, κινήσει δὲ ὀξύτατος, λαμπρότητι δὲ εὐαυγέστατος, δυνάμει δὲ ἀγήρως τε καὶ ἄφθαρτος. οὗτος ἐναλίων ζῴων καὶ πεζῶν καὶ ἀερίων φύσεις ἐχώρισε καὶ βίους ἐμέτρησε ταῖς ἑαυτοῦ κινήσεσιν. ἐκ τούτου πάντα ἐμπνεῖ τε καὶ ψυχὴν ἴσχει τὰ ζῷα. τούτου καὶ αἱ παράδοξοι νεοχμώσεις τεταγμένως ἀποτελοῦνται, συναραττόντων μὲν ἀνέμων παντοίων, πιπτόντων δὲ ἐξ οὐρανοῦ κεραυνῶν, ῥηγνυμένων δὲ χειμώνων ἐξαισίων. διὰ δὲ τούτων τὸ νοτερὸν ἐκπιεζόμενον τό τε πυρῶδες διαπνεόμενον εἰς ὁμόνοιαν ἄγει τὸ πᾶν καὶ καθίστησιν.

ἥ τε γῆ φυτοῖς κομῶσα παντοδαποῖς νάμασί τε περιβλύζουσα καὶ περιοχουμένη ζῴοις, κατὰ καιρὸν ἐκφύουσά τε πάντα καὶ τρέφουσα καὶ δεχομένη, μυρίας τε φέρουσα ἰδέας καὶ πάθη, τὴν ἀγήρω φύσιν ὁμοίως τηρεῖ, καίτοι καὶ σεισμοῖς τινασσομένη καὶ πλημυρίσιν ἐπικλυζομένη πυρκαϊαῖς τε κατὰ μέρος φλογιζομένη. ταῦτα δὲ πάντα ἔοικεν αὐτῇ πρὸς ἀγαθοῦ γινόμενα τὴν δι' αἰῶνος σωτηρίαν παρέχειν· σειομένης τε γὰρ διεξᾴττουσιν αἱ τῶν πνευμάτων παρεμπτώσεις κατὰ τὰ ῥήγματα τὰς ἀναπνοὰς ἴσχουσαι, καθὼς ἄνω λέλεκται, καθαιρομένη τε ὄμβροις ἀποκλύζεται πάντα τὰ νοσώδη, περιπνεομένη δὲ αὔραις τά τε ὑπ' αὐτὴν καὶ τὰ ὑπὲρ αὐτὴν εἰλικρινεῖται. καὶ (397b) μὴν αἱ φλόγες μὲν τὸ παγετῶδες ἠπιαίνουσιν, οἱ πάγοι δὲ τὰς φλόγας ἀνιᾶσιν. καὶ τῶν ἐπὶ μέρους τὰ μὲν γίνεται, τὰ δὲ ἀκμάζει, τὰ δὲ φθείρεται. καὶ αἱ μὲν γενέσεις ἐπαναστέλλουσι τὰς φθοράς, αἱ δὲ φθοραὶ κουφίζουσι τὰς γενέσεις. μία δὲ ἐκ πάντων περαινομένη σωτηρία διὰ τέλους ἀντιπεριισταμένων ἀλλήλοις καὶ τοτὲ μὲν κρατούντων, τοτὲ δὲ κρατουμένων, φυλάττει τὸ σύμπαν ἄφθαρτον δι' αἰῶνος.

bis zur Vollendung des Monats und des Jahres? An Größe ist er völlig überragend, in seiner Bewegung der rascheste, in seinem Glanz der hellste, in seiner Kraft alterslos und unvergänglich. Dieser hat die Naturen der Lebewesen im Wasser, auf der Erde und in der Luft geschieden und ihre Lebensdauer nach seinen Bewegungen bemessen. Von diesem ziehen alle Lebewesen Atem und haben eine Seele. In diesem vollziehen sich auch die überraschendsten Seltsamkeiten nach einer Ordnung beim Zusammenprall mannigfacher Winde, beim Niederfahren von Blitzstrahlen aus dem Himmel und beim Losbrechen ungeheurer Gewitter. Durch diese Vorgänge wird das Feuchte ausgepresst und das Feurige durchweht, so dass das Ganze zu Eintracht und fest gegründetem Stand gelangt.

[Ap 23] Die Erde, die von mannigfachen Pflanzen bekleidet ist, rings von Quellen übersprudelt und von Tieren beschritten wird, die alles zur rechten Zeit aufsprießen lässt, nährt und wieder in sich birgt, und die unzählige Erscheinungsformen und Geschehnisse heraufführt, bewahrt in gleicher Weise ihre alterslose Natur, auch wenn sie von Erdbeben erschüttert, von Sturmfluten überschwemmt oder von Feuersbrünsten teilweise in Flammen gesetzt wird. Dies alles scheint der Erde doch nur zum Besten zu dienen und ihr Heil auf ewig zu sichern. Wenn sie nämlich bebt, entweichen die eingedrungenen *Pneumata* durch die Spalten nach oben, wie oben (II 3) gesagt worden ist, wenn Regengüsse sie reinigen, werden ihr alle Krankheitsstoffe abgewaschen, und wenn die Morgenbrisen über sie hinwegwehen, klärt sich, was unter und über ihr ist. Und (397b) weiter: Die Flammen lindern das Eisige, die Fröste mildern die Flammen. Was die Einzelwesen betrifft, so entstehen die einen, die anderen stehen in Blüte, wieder andere vergehen. Das Werden hält das Vergehen an und gleicht es aus, das Vergehen erleichtert neues Werden. Ein Heil aber erwirkt sich aus allem, indem sich beständig die Dinge ablösen und einmal obsiegen, einmal unterliegen; so bleibt das Gesamte bewahrt in Ewigkeit.

(6) λοιπὸν δὴ περὶ τῆς τῶν ὅλων συνεκτικῆς αἰτίας κεφαλαιωδῶς εἰπεῖν, ὃν τρόπον καὶ περὶ τῶν ἄλλων· πλημμελὲς γὰρ περὶ κόσμου λέγοντας, εἰ καὶ μὴ δι' ἀκριβείας, ἀλλ' οὖν γε ὡς εἰς τυπώδη μάθησιν, τὸ τοῦ κόσμου κυριώτατον παραλιπεῖν.

ἀρχαῖος μὲν οὖν τις λόγος καὶ πάτριός ἐστι πᾶσιν ἀνθρώποις ὡς ἐκ θεοῦ πάντα καὶ διὰ θεὸν συνέστηκεν, οὐδεμία δὲ φύσις αὐτὴ καθ' ἑαυτήν ἐστιν αὐτάρκης, ἐρημωθεῖσα τῆς ἐκ τούτου σωτηρίας. διὸ καὶ τῶν παλαιῶν εἰπεῖν τινες προήχθησαν ὅτι πάντα ταῦτά ἐστι θεῶν πλέα τὰ καὶ δι' ὀφθαλμῶν ἰνδαλλόμενα ἡμῖν καὶ δι' ἀκοῆς καὶ πάσης αἰσθήσεως, τῇ μὲν θείᾳ δυνάμει πρέποντα καταβαλλόμενοι λόγον, οὐ μὴν τῇ γε οὐσίᾳ. σωτὴρ μὲν γὰρ ὄντως ἁπάντων ἐστὶ καὶ γενέτωρ τῶν ὁπωσδήποτε κατὰ τόνδε τὸν κόσμον συντελουμένων ὁ θεός, οὐ μὴν αὐτουργοῦ καὶ ἐπιπόνου ζῴου κάματον ὑπομένων, ἀλλὰ δυνάμει χρώμενος ἀτρύτῳ, δι' ἧς καὶ τῶν πόρρω δοκούντων εἶναι περιγίνεται.

τὴν μὲν οὖν ἀνωτάτω καὶ πρώτην ἕδραν αὐτὸς ἔλαχεν, ὕπατός τε διὰ τοῦτο ὠνόμασται, κατὰ τὸν ποιητὴν »ἀκροτάτῃ κορυφῇ« τοῦ σύμπαντος ἐγκαθιδρυμένος οὐρανοῦ· μάλιστα δέ πως αὐτοῦ τῆς δυνάμεως ἀπολαύει τὸ πλησίον αὐτοῦ σῶμα, καὶ ἔπειτα τὸ μετ' ἐκεῖνο, καὶ ἐφεξῆς οὕτως ἄχρι τῶν καθ' ἡμᾶς τόπων. διὸ γῆ τε καὶ τὰ ἐπὶ γῆς ἔοικεν, ἐν ἀποστάσει πλείστῃ τῆς ἐκ θεοῦ ὄντα ὠφελείας, ἀσθενῆ καὶ ἀκατάλληλα εἶναι καὶ πολλῆς μεστὰ ταραχῆς· οὐ μὴν ἀλλὰ καθ' ὅσον ἐπὶ πᾶν διικνεῖσθαι πέφυκε τὸ θεῖον, καὶ ἐπὶ τὰ καθ' ἡμᾶς

III 2 Die Ursache des Heils: Gott

(Ar 6) [Ap 24] Es bleibt noch über die das All (*ta hola*) zusammenhaltende Ursache so zusammenfassend zu sprechen wie über die bisherigen Themen; es wäre ja verkehrt, von der Welt zu reden – wenn schon nicht im Einzelnen, so doch als Belehrung über die Grundzüge –, aber dabei das Wichtigste der Welt zu übergehen.

Ein altes, von den Vätern ererbtes Wort gibt es bei allen Menschen, dass alles von Gott her und durch Gott besteht und dass kein Wesen für sich allein und sich selbst genügend bestehen kann, wenn es des Heils beraubt ist, das von der Gottheit ausgeht. Darum sahen sich auch einige der Alten veranlasst zu lehren, dass »alles voll von Göttern« sei (Thales 11 T 22), was uns sichtbar vor Augen steht, wie auch das, was wir durchs Gehör und jeden Sinn wahrnehmen. Der göttlichen Kraft, nicht aber dem göttlichen Wesen entspricht dieses Wort, denn es ist zwar wirklich Gott der Erhalter von allem und der Erzeuger all dessen, was, wie auch immer, in dieser Welt zur Vollendung gebracht wird; jedoch ist es nicht so, dass er die Mühsal eines selbst werkenden und geplagten Wesens auf sich nehmen muss, vielmehr kann er eine unermüdliche Kraft einsetzen, mit der er auch beherrscht, was fern von ihm zu sein scheint.

[Ap 25] Der oberste und der erste Platz ist ihm zuteil geworden und er heißt deswegen der Höchste, der nach dem Dichter »auf dem ragendsten Gipfel« (Homer, *Ilias* 9,499) des gesamten Himmels thront. Am meisten lebt wohl das ihm benachbarte Element von seiner Kraft, dann das anschließende, und so immer weiter bis zu unseren Plätzen. Deshalb scheinen die Erde und die Dinge auf ihr, weil ihr Abstand von der erhaltenden Kraft Gottes am größten ist, schwach zu sein, nicht zueinander stimmend und voll vieler Verwirrung. Nichtsdestoweniger, insofern es in der Natur des Göttlichen liegt, zu allem hindurchzudringen, wirkt es auch bei

ὁμοίως συμβαίνει τά τε ὑπὲρ ἡμᾶς, κατὰ τὸ ἔγγιόν τε καὶ πορρωτέρω θεοῦ εἶναι μᾶλλόν τε καὶ ἧττον (398a) ὠφελείας μεταλαμβάνοντα. κρεῖττον οὖν ὑπολαβεῖν, ὃ καὶ πρέπον ἐστὶ καὶ θεῷ μάλιστα ἁρμόζον, ὡς ἡ ἐν οὐρανῷ δύναμις ἱδρυμένη καὶ τοῖς πλεῖστον ἀφεστηκόσιν, ὡς ἔνι γε εἰπεῖν, καὶ σύμπασιν αἴτιος γίνεται σωτηρίας, μᾶλλον ἢ ὡς διήκουσα καὶ φοιτῶσα ἔνθα μὴ καλὸν μηδὲ εὔσχημον αὐτουργεῖ[ν] τὰ ἐπὶ γῆς.

τοῦτο μὲν γὰρ οὐδὲ ἀνθρώπων ἡγεμόσιν ἁρμόττει, παντὶ καὶ τῷ τυχόντι ἐφίστασθαι ἔργῳ, λέγω δὲ οἷον στρατιᾶς ἄρχοντι ἢ πόλεως ἢ οἴκου, [καὶ] εἰ χρεὼν στρωματόδεσμον εἴη δῆσαι καὶ εἴ τι φαυλότερον ἀποτελεῖν ἔργον, ὃ κἂν τὸ τυχὸν ἀνδράποδον ποιήσειεν, ἀλλ᾽ οἷον ἐπὶ τοῦ μεγάλου βασιλέως ἱστορεῖται.

τὸ <γὰρ> Καμβύσου Ξέρξου τε καὶ Δαρείου πρόσχημα εἰς σεμνότητος καὶ ὑπεροχῆς ὕψος μεγαλοπρεπῶς διεκεκόσμητο· αὐτὸς μὲν γάρ, ὡς λόγος, ἵδρυτο ἐν Σούσοις ἢ Ἐκβατάνοις, παντὶ ἀόρατος, θαυμαστὸν ἐπέχων βασίλειον οἶκον καὶ περίβολον χρυσῷ καὶ ἠλέκτρῳ καὶ ἐλέφαντι ἀστράπτοντα· πυλῶνες δὲ πολλοὶ καὶ συνεχεῖς πρόθυρά τε σύχνοις εἰργόμενα σταδίοις ἀπ᾽ ἀλλήλων θύραις τε χαλκαῖς καὶ τείχεσι μεγάλοις ὠχύρωτο· ἔξω δὲ τούτων ἄνδρες οἱ πρῶτοι καὶ δοκιμώτατοι διεκεκόσμηντο, οἱ μὲν ἀμφ᾽ αὐτὸν τὸν βασιλέα δορυφόροι τε καὶ θεράποντες, οἱ δὲ ἑκάστου περιβόλου φύλακες, πυλωροί τε καὶ ὠτακουσταὶ λεγόμενοι, ὡς ἂν ὁ βασιλεὺς αὐτός, δεσπότης καὶ θεὸς ὀνομαζόμενος, πάντα μὲν βλέποι, πάντα δὲ ἀκούοι. χωρὶς δὲ τούτων ἄλλοι καθειστήκεσαν προσόδων ταμίαι καὶ στρατηγοὶ πολέμων καὶ κυνηγεσίων δώρων τε ἀποδεκτῆρες

uns gleichermaßen wie in dem über uns, was je nach Nähe oder Entfernung von Gott mehr oder weniger seine (398a) Hilfe erlangt. Besser also ist es anzunehmen – wie es sich auch gehört und am meisten zu Gott passt –, dass die Kraft, die im Himmel ihren Sitz hat, auch für die am fernsten von ihr wohnenden Wesen – ja, wie man sagen kann: für alle Wesen – Ursache des Heils wird, besser jedenfalls, als zu glauben, dass sie, dorthin kommend und dort verkehrend, wo es für sie weder schön noch angemessen ist, selbst die Dinge auf der Erde besorgt.

Das steht ja auch den Herrschern über Menschen nicht an, dass sie jeder beliebigen Verrichtung persönlich vorstehen – etwa dem Archon[H] eines Heeres, einer Polis oder eines Hauswesens –, wenn es etwa gilt, Bettzeug zu verpacken und einen womöglich noch geringeren Dienst zu verrichten, den auch der erstbeste Sklave tun könnte. Vielmehr ist es so, wie es vom Großkönig[H] berichtet wird.

[Ap 26] Die Hofhaltung von Kambyses[H], Xerxes[H] und Dareios[H] war nämlich für eine feierliche und überragende Erhabenheit mit großer Pracht geordnet (*diakosmeo*); er selbst, so hieß es, thronte in Susa[G] oder Ekbatana[H], für jedermann unsichtbar, in einem bewundernswerten königlichen Palast und Bezirk, der von Gold, Elektron (einer Legierung aus Gold und Silber) und Elfenbein strahlte; viele aufeinanderfolgende Torwege und Vorhallen, die eine Entfernung von vielen Stadien[G] trennte, waren durch eherne Türen und große Mauern befestigt. Außerhalb aber waren die ersten und angesehensten Männer geordnet (*diakosmeo*), teils für den Dienst um den König selbst als Leibgarde und Gefolge bestimmt, teils als Wächter der einzelnen Höfe sogenannte Türhüter und Horcher, damit der König selbst, den man als Herrn und Gott anredete, alles sehe und alles höre. Neben ihnen waren andere aufgestellt als Verwalter der Einkünfte, als Feldherren in Kriegen und bei Jagden,

τῶν τε λοιπῶν ἔργων ἕκαστοι κατὰ τὰς χρείας ἐπιμεληταί. τὴν δὲ σύμπασαν ἀρχὴν τῆς Ἀσίας, περατουμένην Ἑλλησπόντῳ μὲν ἐκ τῶν πρὸς ἑσπέραν μερῶν, Ἰνδῷ δὲ ἐκ τῶν πρὸς ἕω, διειλήφεσαν κατὰ ἔθνη στρατηγοὶ καὶ σατράπαι καὶ βασιλεῖς, δοῦλοι τοῦ μεγάλου βασιλέως, ἡμεροδρόμοι τε καὶ σκοποὶ καὶ ἀγγελιαφόροι φρυκτωριῶν τε ἐποπτῆρες. τοσοῦτος δὲ ἦν ὁ κόσμος, καὶ μάλιστα τῶν φρυκτωρ[ι]ῶν, κατὰ διαδοχὰς πυρσευόντων ἀλλήλοις ἐκ περάτων τῆς ἀρχῆς μέχρι Σούσων καὶ Ἐκβατάνων, ὥστε τὸν βασιλέα γινώσκειν αὐθημερὸν πάντα τὰ ἐν τῇ Ἀσίᾳ καινουργούμενα.

(398b) νομιστέον δὴ τὴν τοῦ μεγάλου βασιλέως ὑπεροχὴν πρὸς τὴν τοῦ τὸν κόσμον ἐπέχοντος θεοῦ τοσοῦτον καταδεεστέραν ὅσον τῆς ἐκείνου τὴν τοῦ φαυλοτάτου τε καὶ ἀσθενεστάτου ζῴου, ὥστε, εἴπερ ἄσεμνον ἦν αὐτὸν αὑτῷ δοκεῖν Ξέρξην αὐτουργεῖν ἅπαντα καὶ ἐπιτελεῖν ἃ βούλοιτο καὶ ἐφιστάμενον <ἑκασταχοῦ> διοικεῖν, πολὺ μᾶλλον ἀπρεπὲς ἂν εἴη θεῷ. σεμνότερον δὲ καὶ πρεπωδέστερον αὐτὸν μὲν ἐπὶ τῆς ἀνωτάτω χώρας ἱδρῦσθαι, τὴν δὲ δύναμιν διὰ τοῦ σύμπαντος κόσμου διήκουσαν ἥλιόν τε κινεῖν καὶ σελήνην καὶ τὸν πάντα οὐρανὸν περιάγειν αἴτιόν τε γίνεσθαι τοῖς ἐπὶ τῆς γῆς σωτηρίας. οὐδὲν γὰρ ἐπιτεχνήσεως δεῖ καὶ ὑπηρεσίας τῆς παρ᾽ ἑτέρων, ὥσπερ τοῖς παρ᾽ ἡμῖν ἄρχουσι τῆς πολυχειρίας διὰ τὴν ἀσθένειαν, ἀλλὰ τοῦτο ἦν τὸ θειότατον, τὸ μετὰ ῥᾳστώνης καὶ ἁπλῆς κινήσεως παντοδαπὰς ἀποτελεῖν ἰδέας, ὥσπερ ἀμέλει δρῶσιν οἱ μηχανοτέχναι, διὰ μιᾶς ὀργάνου σχαστηρίας πολλὰς καὶ ποικίλας ἐνεργείας ἀποτελοῦντες. ὁμοίως δὲ καὶ οἱ νευροσπάσται μίαν μήρινθον ἐπισπασάμενοι ποιοῦσι καὶ αὐχένα κινεῖσθαι καὶ χεῖρα τοῦ ζῴου καὶ ὦμον καὶ ὀφθαλμόν,

als Entgegennehmer von Gaben und als Besorger der jeweils notwendigen sonstigen Dienste. Das ganze Reich von Asien aber, wie es begrenzt war vom Hellespontos[G] im Westen und vom Indos[H] im Osten, hatten Feldherren, Satrapen und Könige nach Völkerschaften eingeteilt, Sklaven des Großkönigs, (denen wiederum untergeordnet waren) Tagläufer, Kundschafter, Boten und Beobachter von Feuersignalen. So umfassend war die Ordnung (*kosmos*), am meisten bei den Posten der Feuersignale, die abwechselnd einander Feuerzeichen gaben von den Enden des Reiches bis nach Susa und Ekbatana, dass der König noch am selben Tag alles erfuhr, was in Asien an Neuem geschah.

[Ap 27] (398b) Man muss es sich dabei so vorstellen, dass der Rang des Großkönigs dem der die Welt festhaltenden Gottheit um so viel nachsteht wie seinem Rang der des geringsten und schwächsten Lebewesens, so dass, wenn es ein unwürdiger Gedanke war, dass Xerxes[H] alles selbst in die Hand genommen, selbst seinen Willen verwirklicht und an jedem Ort selbst die Aufsicht und Leitung gehabt habe, dies doch wohl für Gott noch viel unangemessener wäre. Würdiger und angemessener ist die Vorstellung, dass er selbst zwar an höchstem Ort thront, dass seine Kraft aber, die durch die gesamte Welt dringt, Sonne und Mond bewegt, den ganzen Himmel in Bewegung hält und für alles auf der Erde Ursache für das Heil wird. Es bedarf bei ihm ja keiner technischen Unterstützung und Hilfe von anderen, so wie es bei unseren Archonten[H] der Fall ist, die wegen ihrer Schwäche eine Menge von Händen benötigen; vielmehr ist dies an ihm das Göttlichste, dass er mit Leichtigkeit und mit einer einfachen Bewegung die verschiedensten Arten von Arbeit verrichten kann, so wie die Maschinisten (*mechanotechnai*) durch einen einzigen Seilzug an einer Maschine vielfältige Kraftwirkungen auslösen. In gleicher Weise bringen es auch die Marionettenspieler fertig, indem sie einen einzigen Faden ziehen, dass sich Nacken und Hand, Schulter und Auge der

ἔστι δὲ ὅτε πάντα τὰ μέρη, μετά τινος εὐρυθμίας. οὕτως οὖν καὶ ἡ θεία φύσις ἀπό τινος ἁπλῆς κινήσεως τοῦ πρώτου τὴν δύναμιν εἰς τὰ συνεχῆ δίδωσι καὶ ἀπ᾽ ἐκείνων πάλιν εἰς τὰ πορρωτέρω, μέχρις ἂν διὰ τοῦ παντὸς διεξέλθῃ· κινηθὲν γὰρ ἕτερον ὑφ᾽ ἑτέρου καὶ αὐτὸ πάλιν ἐκίνησεν ἄλλο σὺν κόσμῳ, δρώντων μὲν πάντων οἰκείως ταῖς σφετέραις κατασκευαῖς, οὐ τῆς αὐτῆς δὲ ὁδοῦ πᾶσιν οὔσης, ἀλλὰ διαφόρου καὶ ἑτεροίας, ἔστι δὲ οἷς καὶ ἐναντίας, καίτοι τῆς πρώτης οἷον ἐνδόσεως εἰς κίνησιν μιᾶς γενομένης·

ὥσπερ ἂν εἴ τις ἐξ ἄγγους ὁμοῦ ῥίψειε σφαῖραν καὶ κύβον καὶ κῶνον καὶ κύλινδρον – ἕκαστον γὰρ αὐτῶν κατὰ τὸ ἴδιον κινηθήσεται σχῆμα – ἢ εἴ τις ὁμοῦ ζῷον ἔνυδρόν τε καὶ χερσαῖον καὶ πτηνὸν ἐν τοῖς κόλποις ἔχων ἐκβάλοι· δῆλον γὰρ ὅτι τὸ μὲν νηκτὸν ἁλόμενον εἰς τὴν ἑαυτοῦ δίαιταν ἐκνήξεται, τὸ δὲ χερσαῖον εἰς τὰ σφέτερα ἤθη καὶ νομοὺς διεξερπύσει, τὸ δὲ ἀέριον ἐξαρθὲν ἐκ γῆς μετάρσιον οἰχήσεται πετόμενον, μιᾶς τῆς πρώτης αἰτίας πᾶσιν ἀποδούσης τὴν οἰκείαν εὐμάρειαν.

οὕ(399a)τως καὶ ἐπὶ κόσμου· διὰ γὰρ ἁπλῆς τοῦ σύμπαντος οὐρανοῦ περιαγωγῆς ἡμέρᾳ καὶ νυκτὶ περατουμένης ἀλλοῖαι πάντων διέξοδοι γίνονται, καίτοι ὑπὸ μιᾶς σφαίρας περιεχομένων, τῶν μὲν θᾶττον, τῶν δὲ σχολαιότερον κινουμένων παρά τε τὰ τῶν διαστημάτων μήκη καὶ τὰς ἰδίας ἑκάστων κατασκευάς. σελήνη μὲν γὰρ ἐν μηνὶ τὸν ἑαυτῆς διαπεραίνεται

Gestalt, manchmal auch alle Glieder zusammen, aufeinander gut abgestimmt bewegen. So also leitet auch die göttliche Natur durch einfache Bewegung der nächstliegenden Region ihre Kraft weiter zur anschließenden und von da wiederum zur entfernteren, bis sie durch alle Bereiche hindurchgedrungen ist, denn eines vom anderen in Bewegung gesetzt, bewegt auch selbst wieder ein anderes gemäß seiner Ordnung (*kosmos*). Dabei wirken alle Teile auf je eigene Weise, entsprechend ihrer Eigenart, obwohl die Bahn nicht für alle ein und dieselbe ist, sondern für jeden verschieden und abweichend, manchmal sogar gegensätzlich, auch wenn die Bewegung, die gleichsam das erste Anstimmen darstellte, für sie alle einmal dieselbe gewesen ist.

[Ap 28] Es ist, wie wenn man aus einem Gefäß miteinander eine Kugel, einen Würfel, einen Kegel und einen Zylinder werfen wollte – es wird sich dann nämlich jeder Körper entsprechend seiner besonderen Gestalt bewegen – oder wenn jemand ein Wasser-, ein Landtier und einen Vogel zusammen im Gewandbausch hätte und losließe; klar ist nämlich, dass das zum Schwimmen geborene Tier in das ihm eigene Element springen und davonschwimmen wird, das Landtier zu seinen »Wohnungen und Weideplätzen« (Euripides, *Medeia* 328) davonkriechen wird, das Luftwesen aber sich von der Erde hochschwingen und davonfliegen wird – und doch ist es eine erste Ursache, die ihnen allen die je eigene Beweglichkeit freigegeben hat.

[Ap 29] So (399a) ist es auch in der Welt, denn durch eine einfache Umdrehung des gesamten Himmels, die sich in einem Tag und einer Nacht vollendet, kommt es zu den verschiedenen Umläufen aller Himmelskörper, von denen sich, auch wenn sie von einer Kugelschale (*sphaira*) umschlossen werden, die einen rascher, die anderen gemächlicher bewegen, entsprechend der Größe ihrer Abstände und ihren je eigenen Besonderheiten. Der Mond näm-

κύκλον αὐξομένη τε καὶ μειουμένη καὶ φθίνουσα, ἥλιος δὲ ἐν ἐνιαυτῷ καὶ οἱ τούτου ἰσόδρομοι, ὅ τε Φωσφόρος καὶ ὁ Ἑρμοῦ λεγόμενος, ὁ δὲ Πυρόεις ἐν διπλασίονι τούτων χρόνῳ, ὁ δὲ Διὸς ἐν ἑξαπλασίονι τούτου, καὶ τελευταῖος ὁ Κρόνου λεγόμενος ἐν διπλασίονι καὶ ἡμίσει τοῦ ὑποκάτω. μία δὲ ἐκ πάντων ἁρμονία συνᾳδόντων καὶ χορευόντων κατὰ τὸν οὐρανὸν ἐξ ἑνός τε γίνεται καὶ εἰς ἓν ἀπολήγει, κόσμον ἐτύμως τὸ σύμπαν ἀλλ᾽ οὐκ ἀκοσμίαν ὀνομάσασα.

καθάπερ δὲ ἐν χορῷ κορυφαίου κατάρξαντος συνεπηχεῖ πᾶς ὁ χορὸς ἀνδρῶν, ἔσθ᾽ ὅτε καὶ γυναικῶν, ἐν διαφόροις φωναῖς ὀξυτέραις καὶ βαρυτέραις μίαν ἁρμονίαν ἐμμελῆ κεραννύντων, οὕτως ἔχει καὶ ἐπὶ τοῦ τὸ σύμπαν διέποντος θεοῦ· κατὰ γὰρ τὸ ἄνωθεν ἐνδόσιμον ὑπὸ τοῦ φερωνύμως ἂν κορυφαίου προσαγορευθέντος κινεῖται μὲν τὰ ἄστρα ἀεὶ καὶ ὁ σύμπας οὐρανός, πορεύεται δὲ διττὰς πορείας ὁ παμφαὴς ἥλιος, τῇ μὲν ἡμέραν καὶ νύκτα διορίζων ἀνατολῇ καὶ δύσει, τῇ δὲ τὰς τέσσαρας ὥρας ἄγων τοῦ ἔτους, πρόσω τε βόρειος καὶ ὀπίσω νότιος διεξέρπων. γίνονται δὲ ὑετοὶ κατὰ καιρὸν καὶ ἄνεμοι καὶ δρόσοι τά τε πάθη τὰ ἐν τῷ περιέχοντι συμβαίνοντα διὰ τὴν πρώτην καὶ ἀρχέγονον αἰτίαν. ἕπονται δὲ τούτοις ποταμῶν ἐκροαί, θαλάσσης ἀνοιδήσεις, δένδρων ἐκφύσεις, καρπῶν πεπάνσεις, γοναὶ ζῴων, ἐκτροφαί τε πάντων καὶ ἀκμαὶ καὶ φθίσεις, συμβαλλομένης πρὸς ταῦτα καὶ τῆς ἑκάστου κατασκευῆς, ὡς ἔφην.

lich durchläuft in einem Monat seine Kreisbahn, wobei er wächst, wieder kleiner wird und dahinschwindet, die Sonne in einem Jahr, ebenso die mit ihr gleichlaufenden Sterne (s. o. I 2) *Phosphoros* (Venus) und Hermes-Stern (Merkur); der *Pyroeis* (Mars) braucht die doppelte Zeit, der Zeus-Stern (Jupiter) sechsmal so lang wie er, und als letztes durchmisst der sogenannte Kronos-Stern (Saturn) seine Bahn in der zweieinhalbfachen Zeit des Himmelskörpers unter ihm. Aus ihnen allen aber, wie sie gemeinsam singen und über den Himmel im Reigen tanzen, ergibt sich eine Harmonie, die aus einer Ursache stammt, einem Zweck zustrebt und deshalb insgesamt nach der wahren Wortbedeutung (*etymos*) den Namen *Kosmos* (Ordnung) und eben nicht *Akosmia* (Unordnung) trägt.

Wie aber bei einem Chor, nachdem der Chorführer angestimmt hat, die ganze Schar von Männern, manchmal auch von Frauen, mit gemeinsamem Gesang einstimmt und durch Mischung der verschiedenen hohen und tiefen Stimmen eine wohlklingende Harmonie entstehen lässt, so verhält es sich auch mit der Gottheit, die das Gesamte durchwaltet, denn dem Anstimmen entsprechend, das von oben stammt, von dem doch wohl treffend so genannten Chorführer her, bewegen sich die Sterne und der gesamte Himmel ständig; es zieht die alles erleuchtende Sonne ihre zweifache Bahn, wobei sie auf der einen Tag und Nacht scheidet durch ihren Aufgang und Untergang, auf der anderen die vier Jahreszeiten heraufführt, indem sie vorwärts gegen Norden und rückwärts gegen Süden läuft. Dabei treten zu ihrer Zeit Regengüsse auf, Winde und Tau und überhaupt die Geschehnisse des Umfassenden, alle aufgrund der ersten, uranfänglichen Ursache. Ihnen folgend vollziehen sich Strömen von Flüssen, Anschwellen des Meeres, Aufwachsen von Bäumen, Reifen von Früchten, Geburten von Lebewesen, Wachstum, Lebensblüte und Hinschwinden von Allem, wobei jeweils auch die besondere Beschaffenheit eines jeden Wesens mitbestimmend ist, wie ich schon sagte.

ὅταν οὖν ὁ πάντων ἡγεμών τε καὶ γενέτωρ, ἀόρατος ὢν ἄλλῳ πλὴν λογισμῷ, σημήνῃ πάσῃ φύσει μεταξὺ οὐρανοῦ τε καὶ γῆς φερομένῃ, κινεῖται πᾶσα ἐνδελεχῶς ἐν κύκλοις καὶ πέρασιν ἰδίοις, ποτὲ μὲν ἀφανιζομένη, ποτὲ δὲ φαινομένη, μυρίας ἰδέας ἀναφαίνουσά τε καὶ πάλιν ἀποκρύπτουσα ἐκ μιᾶς ἀρχῆς. ἔοικε δὲ κο(399b)μιδῇ τὸ δρώμενον τοῖς ἐν πολέμου καιροῖς μάλιστα γινομένοις, ἐπειδὰν ἡ σάλπιγξ σημήνῃ τῷ στρατοπέδῳ· τότε γὰρ τῆς φωνῆς ἕκαστος ἀκούσας ὁ μὲν ἀσπίδα ἀναιρεῖται, ὁ δὲ θώρακα ἐνδύεται, ὁ δὲ κνημῖδας ἢ κράνος ἢ ζωστῆρα περιτίθεται· καὶ ὁ μὲν ἵππον χαλινοῖ, ὁ δὲ συνωρίδα ἀναβαίνει, ὁ δὲ σύνθημα παρεγγυᾷ· καθίσταται δὲ εὐθέως ὁ μὲν λοχαγὸς εἰς λόχον, ὁ δὲ ταξίαρχος εἰς τάξιν, ὁ δὲ ἱππεὺς ἐπὶ κέρας, ὁ δὲ ψιλὸς εἰς τὴν ἰδίαν ἐκτρέχει χώραν· πάντα δὲ ὑφ᾽ ἕνα σημάντορα δονεῖται κατὰ προστάξιν τοῦ τὸ κράτος ἔχοντος ἡγεμόνος. οὕτω χρὴ καὶ περὶ τοῦ σύμπαντος φρονεῖν· ὑπὸ γὰρ μιᾶς ῥοπῆς ὀτρυνομένων ἁπάντων γίνεται τὰ οἰκεῖα, καὶ ταύτης ἀοράτου καὶ ἀφανοῦς. ὅπερ οὐδαμῶς ἐστιν ἐμπόδιον οὔτε ἐκείνῃ πρὸς τὸ δρᾶν οὔτε ἡμῖν πρὸς τὸ πιστεῦσαι·

καὶ γὰρ ἡ ψυχή, δι᾽ ἣν ζῶμέν τε καὶ οἴκους καὶ πόλεις ἔχομεν, ἀόρατος οὖσα τοῖς ἔργοις αὐτῆς ὁρᾶται· πᾶς γὰρ ὁ τοῦ βίου διάκοσμος ὑπὸ ταύτης εὕρηται καὶ διατέτακται καὶ συνέχεται, γῆς ἀρόσεις καὶ φυτεύσεις, τέχνης ἐπίνοιαι, χρήσεις νόμων, κόσμος πολιτείας, ἔνδημοι πράξεις, ὑπερόριος πόλεμος, εἰρήνη. ταῦτα χρὴ καὶ περὶ θεοῦ διανοεῖσθαι, δυνάμει μὲν ὄντος ἰσχυροτάτου, κάλλει δὲ εὐπρεπεστάτου, ζωῇ δὲ ἀθανάτου,

[Ap 30] Wenn also nun der Anführer und Erzeuger aller Wesen, der unsichtbar und nur im Denken zu schauen ist, seinen Weckruf erschallen lässt für jegliche Natur, die sich zwischen Himmel und Erde regt, so bewegt sich eine jede unablässig in ihren eigenen Kreisbahnen und Grenzen, wobei sie bald verschwindet, bald wieder aufscheint, unzählige Gestalten sichtbar macht und sie wieder birgt, aus einem Urgrund her. Es gleicht so (399b) recht das Geschehen dem, was besonders in Kriegszeiten geschieht, wenn die Trompete das Lager wachruft. Dann nämlich nimmt, wenn jeder die Stimme vernommen hat, der eine den Schild auf, dort zieht der andere den Brustharnisch an, der legt Beinschienen oder Helm oder Gürtel um; der zäumt sein Pferd, der besteigt den Streitwagen, der gibt die Parole weiter. Rasch tritt der Scharführer zu seiner Schar (*lochos*)[H], der Abteilungsführer zu seiner Abteilung (*taxis*)[H], der Reiter eilt auf den Flügel, der Leichtbewaffnete auf seinen eigenen Ort. Alles ist eifrig bemüht, unter einen Befehl zu treten, nach dem Gebot des Anführers, der die Macht (dazu) hat. Ebenso muss man sich dies auch beim Gesamten vorstellen, denn zufolge einer einzigen Kraftwirkung geschieht bei allen Wesen das ihnen Gemäße, obwohl doch diese Kraft unsichtbar und verborgen ist. Diese Verborgenheit hindert sie nicht daran zu wirken, und uns ebensowenig, an sie zu glauben.

[Ap 31] Es ist ja die Seele, durch die wir leben und Häuser und Poleis haben, unsichtbar und nur in ihren Wirkungen anschaulich. Die ganze Ordnung (*diakosmos*) des Lebens ist ja von ihr erfunden und durchgeformt und wird von ihr zusammengehalten: das Pflügen und Bepflanzen der Erde, die Erfindungen der Kunst (*techne*), der Gebrauch der Gesetze, die Ordnung (*kosmos*) der Polis-Verfassung, Handel und Wandel im Inneren, auswärtige Kriege und Frieden. So muss man sich auch das Wirken der Gottheit vorstellen, die von gewaltiger Kraft ist, von majestätischer Schönheit, von unsterblichem Leben, von höchster Tugend, weil auch sie für

ἀρετῇ δὲ κρατίστου, διότι πάσῃ θνητῇ φύσει γενόμενος ἀθεώρητος ἀπ᾽ αὐτῶν τῶν ἔργων θεωρεῖται.

τὰ γὰρ πάθη, καὶ τὰ δι᾽ ἀέρος ἅπαντα καὶ τὰ ἐπὶ γῆς καὶ τὰ ἐν ὕδατι, θεοῦ λέγοιτ᾽ ἂν ὄντως ἔργα εἶναι τοῦ τὸν κόσμον ἐπέχοντος· ἐξ οὗ, κατὰ τὸν φυσικὸν Ἐμπεδοκλέα,

> πάνθ᾽ ὅσα τ᾽ ἦν ὅσα τ᾽ ἔσθ᾽ ὅσα τ᾽ ἔσται ὀπίσσω,
> δένδρεά τ᾽ ἐβλάστησε καὶ ἀνέρες ἠδὲ γυναῖκες
> θῆρές τ᾽ οἰωνοί τε καὶ ὑδατοθρέμμονες ἰχθῦς.

ἔοικε δὲ ὄντως, εἰ καὶ μικρότερον παραβαλεῖν, τοῖς ὀμφαλοῖς λεγομένοις τοῖς ἐν ταῖς ψαλίσιν [λίθοις], οἳ μέσοι κείμενοι κατὰ τὴν εἰς ἑκάτερον μέρος ἔνδεσιν ἐν ἁρμονίᾳ τηροῦσι καὶ ἐν τάξει τὸ πᾶν σχῆμα τῆς ψαλίδος καὶ ἀκίνητον. φασὶ δὲ καὶ τὸν ἀγαλματοποιὸν Φειδίαν κατασκευάζοντα τὴν ἐν ἀκροπόλει Ἀθηνᾶν ἐν μέσῃ τῇ ταύτης ἀσπίδι τὸ ἑαυτοῦ πρόσωπον ἐντυπώσασθαι, καὶ συνδῆσαι τῷ (400a) ἀγάλματι διά τινος ἀφανοῦς δημιουργίας, ὥστε ἐξ ἀνάγκης, εἴ τις βούλοιτο αὐτὸ περιαιρεῖν, τὸ σύμπαν ἄγαλμα λύειν τε καὶ συγχεῖν. τοῦτον οὖν ἔχει τὸν λόγον ὁ θεὸς ἐν κόσμῳ, συνέχων τὴν τῶν ὅλων ἁρμονίαν τε καὶ σωτηρίαν,

πλὴν οὔτε μέσος ὤν, ἔνθα ἡ γῆ τε καὶ ὁ θολερὸς τόπος οὗτος, ἀλλ᾽ ἄνω καθαρὸς ἐν καθαρῷ χωρῷ βεβηκώς, ὃν ἐτύμως καλοῦμεν οὐρανὸν μὲν ἀπὸ τοῦ ὅρον εἶναι τὸν ἄνω, Ὄλυμπον δὲ οἷον ὁλολαμπῆ τε καὶ παντὸς ζόφου καὶ ἀτάκτου κινήματος κεχωρισμένον, οἷα γίνεται παρ᾽ ἡμῖν διὰ χειμῶνος καὶ ἀνέμων βίας, ὥσπερ ἔφη καὶ ὁ ποιητὴς

jedes sterbliche Wesen unsichtbar und eben nur in ihren Werken geschaut werden kann.

[Ap 32] Alle Geschehnisse in der Luft, auf der Erde und im Wasser möchte man wahrlich Werke des die Welt haltenden Gottes nennen. Aus ihm kommt nach dem Naturphilosophen Empedokles

> alles, was war, und alles, was ist und was künftig noch sein wird,
> Bäume wuchsen durch ihn und ebenso Männer und Frauen,
> Tiere der Erde und Vögel der Luft und die Fische im Wasser.
> (Empedokles 31 B 21, 9–11)

Er ähnelt wirklich – mag es auch ein Vergleich mit Geringfügigem sein – den sogenannten Schlusssteinen in Gewölbebögen, die durch ihre Lage in der Mitte und ihre Verbindung nach beiden Seiten hin das ganze Gebilde des Bogens in Harmonie und Aufstellung (*taxis*) unerschütterlich halten. Man sagt, dass der Bildhauer Pheidias[H] bei der Arbeit an der (Statue der) Athena[H] auf der Akropolis[H] (von Athen) in der Mitte ihres Schildes sein eigenes Porträt angebracht und es mit dem (400a) Götterbild durch eine geheime Vorrichtung verbunden habe, so dass derjenige, der es hätte beseitigen wollen, das gesamte Standbild zur Auflösung und zum Einsturz gebracht hätte. Dieses Verhältnis also hat Gott zur Welt: Er sichert die Harmonie und das Heil des Alls (*ta hola*).

[Ap 33] Nur nimmt er nicht die Mitte ein, wo die Erde und dieser (unser) finsterer Platz ist, sondern wohnt oben rein an reinem Ort, den wir nach der wahren Wortbedeutung (*etymos*) *Ouranos* (»Himmel«) nennen, weil er die obere Grenze (*horos*) bildet, und *Olympos* (»Olymp[G]«), weil er ganz und gar durchleuchtet ist (*hololampe*) ist und fern von jeglichem Dunkel und aller nicht geordneten Bewegung steht, wie sie bei uns durch die Gewalt von Sturm und Winden herrscht, wie auch der Dichter sagt:

Οὔλυμπόνδ' ὅθι φασὶ θεῶν ἕδος ἀσφαλὲς αἰεὶ
ἔμμεναι· οὔτ' ἀνέμοισι τινάσσεται οὔτε ποτ' ὄμβρῳ
δεύεται, οὔτε χιὼν ἐπιπίλναται, ἀλλὰ μάλ' αἴθρη
πέπταται ἀνέφελος, λευκὴ δ' ἐπιδέδρομεν αἴγλη.

συνεπιμαρτυρεῖ δὲ καὶ ὁ βίος ἅπας, τὴν ἄνω χώραν ἀποδοὺς θεῷ· καὶ γὰρ πάντες ἄνθρωποι ἀνατείνομεν τὰς χεῖρας εἰς τὸν οὐρανὸν εὐχὰς ποιούμενοι. καθ' ὃν λόγον οὐ κακῶς κἀκεῖνο ἀναπεφώνηται

Ζεὺς δ' ἔλαχ' οὐρανὸν εὐρὺν ἐν αἰθέρι καὶ νεφέλῃσι.

διὸ καὶ τῶν αἰσθητῶν τὰ τιμιώτατα τὸν αὐτὸν ἐπέχει τόπον, ἄστρα τε καὶ ἥλιος καὶ σελήνη, μόνα τε τὰ οὐράνια διὰ τοῦτο ἀεὶ τὴν αὐτὴν σῴζοντα τάξιν διακεκόσμηται, καὶ οὔποτε ἀλλοιωθέντα μετεκινήθη, καθάπερ τὰ ἐπὶ γῆς εὔτρεπτα ὄντα πολλὰς ἑτεροιώσεις καὶ πάθη ἀναδέδεκται·

σεισμοί τε γὰρ ἤδη βίαιοι πολλὰ μέρη τῆς γῆς ἀνέρρηξαν, ὄμβροι τε κατέκλυσαν ἐξαίσιοι καταρραγέντες, ἐπιδρομαί τε κυμάτων καὶ ἀναχωρήσεις πολλάκις καὶ ἠπείρους ἐθαλάττωσαν καὶ θάλαττας ἠπείρωσαν, βιαί τε πνευμάτων καὶ τυφώνων ἔστιν ὅτε πόλεις ὅλας ἀνέτρεψαν, πυρκαϊαί τε καὶ φλόγες αἱ μὲν ἐξ οὐρανοῦ γενόμεναι πρότερον, ὥσπερ φασίν, ἐπὶ Φαέθοντος τὰ πρὸς ἕω μέρη κατέφλεξαν, αἱ δὲ πρὸς

auf den Olympos zurück, wo die Götter, so glaubt man, für ewig
wohnen. Kein Sturmwind erschüttert den Gipfel,
kein Regen benetzt ihn,
niemals berieseln ihn Schneeflocken. Wolkenlos breitet der Äther
über die Stätte sich hin, sie leuchtet in strahlendem Glanze.
(Homer, *Odyssee* 6,42–45)

Das gleiche Zeugnis legt auch das tägliche Leben ab, wo man den oberen Ort Gott zuerkennt; denn wir Menschen alle strecken beim Beten die Hände zum Himmel. In diesem Sinn klingt auch jener Vers nicht schlecht:

Zeus erloste den weiten Himmel, in Äther und Wolken.
(Homer, *Ilias* 15,192)

Deshalb nehmen auch von den sichtbaren Körpern die wertvollsten den gleichen Platz ein: Sterne, Sonne und Mond. Deswegen sind auch allein die Himmelskörper, ihre schöne Aufstellung (*taxis*) bewahrend, geordnet (*diakosmeo*), so dass sie ewig den gleichen Platz innehalten und ohne Wandlung niemals eine Veränderung ihres Laufs erfahren haben, wie die irdischen Dinge, die wandelbar sind und mannigfache Veränderungen und Geschehnisse haben erleiden müssen.

[Ap 34] Gewaltsame Erdbeben haben nämlich schon viele Teile der Erde aufgerissen, ungeheure Regengüsse haben ihn herabstürzend überschwemmt, herandringende und zurückweichende Meeresfluten haben häufig festes Land in Meer und Meere in Festland verwandelt, die Gewalt von *Pneumata* und Taifunen hat manchmal ganze Poleis zerstört, Feuersbrünste und Flammen, die vom Himmel kamen, haben schon früher, wie man sagt, in der Zeit des Phaëthon[M], die östlichen Landstriche in Brand gesetzt und es ebenso im Westen getan, wo sie aus der Erde aufsprudelten und

ἑσπέραν ἐκ γῆς ἀναβλύσασαι καὶ ἐκφυσήσασαι, καθάπερ τῶν ἐν Αἴτνῃ κρατήρων ἀναρραγέντων καὶ ἀνὰ τὴν γῆν φερομένων χειμάρρου δίκην. ἔνθα καὶ τὸ τῶν εὐσεβῶν (400b) γένος ἐξόχως ἐτίμησε τὸ δαιμόνιον· περικαταληφθέντων γὰρ <αὐτῶν> ὑπὸ τοῦ ῥεύματος διὰ τὸ βαστάζειν γέροντας ἐπὶ τῶν ὤμων γονεῖς καὶ σώζειν, πλησίον [αὐτῶν] γενόμενος ὁ τοῦ πυρὸς ποταμὸς ἐξεσχίσθη παρέτρεψέ τε τοῦ φλογμοῦ τὸ μὲν ἔνθα, τὸ δὲ ἔνθα, καὶ ἐτήρησεν ἀβλαβεῖς ἅμα τοῖς γονεῦσι τοὺς νεανίσκους.

καθόλου δὲ ὅπερ ἐν νηὶ μὲν κυβερνήτης, ἐν ἅρματι δὲ ἡνίοχος, ἐν χορῷ δὲ κορυφαῖος, ἐν πόλει δὲ νομο<θέτη>ς, ἐν στρατοπέδῳ δὲ ἡγεμών, τοῦτο θεὸς ἐν κόσμῳ, πλὴν καθ' ὅσον τοῖς μὲν καματηρὸν τὸ ἄρχειν πολυκίνητόν τε καὶ πολυμέριμνον, τῷ δὲ ἄλυπον ἄπονόν τε καὶ πάσης κεχωρισμένον σωματικῆς ἀσθενείας· ἐν ἀκινήτῳ γὰρ ἱδρυμένος δυνάμει πάντα κινεῖ καὶ περιάγει, ὅπου βούλεται καὶ ὅπως, ἐν διαφόροις ἰδέαις τε καὶ φύσεσιν, ὥσπερ ἀμέλει καὶ ὁ τῆς πόλεως νόμος ἀκίνητος ὢν ἐν ταῖς τῶν χρωμένων ψυχαῖς πάντα οἰκονομεῖ τὰ κατὰ τὴν πολιτείαν· ἐφεπόμενοι γὰρ αὐτῷ δηλονότι ἐξίασιν ἄρχοντες μὲν ἐπὶ τὰ ἀρχεῖα, θεσμοθέται δὲ εἰς τὰ οἰκεῖα δικαστήρια, βουλευταὶ δὲ καὶ ἐκκλησιασταὶ εἰς συνέδρια τὰ προσήκοντα, καὶ ὁ μέν τις εἰς τὸ πρυτανεῖον βαδίζει σιτησόμενος, ὁ δὲ πρὸς τοὺς δικαστὰς ἀπολογησόμενος, ὁ δὲ εἰς τὸ δεσμωτήριον ἀποθανούμενος. γίνονται δὲ καὶ δημοθοινίαι νόμιμοι καὶ πανηγύρεις ἐνιαύσιοι θεῶν τε θυσίαι καὶ ἡρώων θεραπεῖαι καὶ χοαὶ κεκμηκότων· ἄλλα δὲ ἄλλως ἐνεργούμενα κατὰ μίαν πρόσταξιν ἢ νόμιμον ἐξουσίαν σώζει τὸ τοῦ ποιήσαντος ὄντως ὅτι

hervorbrachten, wie die Feuer, die aus den Kratern des Ätna[G] aufbrachen und sich, einem Wildbach gleich, über das Erdreich ergossen. Dort erfuhr auch das Geschlecht der Frommen (400b) eine außergewöhnliche Ehrung durch die Gottheit: Als sie nämlich von dem Lavastrom eingeschlossen wurden, weil sie ihre alten Eltern auf den Schultern trugen, um sie zu retten, teilte sich der feurige Fluss, der schon nahe herangekommen war; die Glut wurde zu beiden Seiten abgelenkt und ließ die jungen Männer mitsamt den Eltern unversehrt.

[Ap 35] Zusammenfassend also: Was auf dem Schiff der Steuermann, auf dem Wagen der Lenker, im Chor der Chorführer, in der Polis der Gesetzgeber, im Heer der Anführer, das ist Gott in der Welt, nur mit dem Unterschied, dass für jene das Amt des Archon[H] eine Mühsal ist und viele Bewegungen und Sorgen erfordert, für ihn aber etwas Leid- und Müheloses ist, etwas ohne jede körperliche Schwäche. An unbeweglicher Stätte thronend bewegt er nämlich alles durch seine Kraft und führt es im Kreis, wo und wie er will, in verschiedenen Erscheinungsformen und Naturen, wie ja auch das Gesetz der Polis in den Seelen derer, die sich seiner bedienen, unbeweglich ruhend, die Polis-Verfassung steuert, denn offenbar in seiner Befolgung gehen die Archonten[H] zu ihren Amtsräumen, die Thesmotheten[H] in ihre eigenen Gerichtssäle, die Ratsherren[H] und die Teilnehmer an der Volksversammlung[H] in die entsprechenden Zusammenkünfte; mancher macht sich auch auf den Weg zum Prytaneion[H], um dort ein Ehrenmahl einzunehmen, mancher zu den Richtern, um sich zu verteidigen, und ein anderer ins Gefängnis, um den Tod zu erleiden. Es gibt auch dem Gesetz gemäß öffentliche Speisungen, alljährliche Festversammlungen, Opfer für die Götter, Heroendienste und Trankspenden für Verstorbene. Und indem immer wieder anderes auf verschiedene Weise vollzogen wird, entsprechend einer Vorschrift oder gesetzlichen Machtausübung, bewahrheitet sich das Wort des Dichters:

πόλις δ' ὁμοῦ μὲν θυμιαμάτων γέμει,
ὁμοῦ δὲ παιάνων τε καὶ στεναγμάτων,

οὕτως ὑποληπτέον καὶ ἐπὶ τῆς μείζονος πόλεως, λέγω δὲ τοῦ κόσμου· νόμος γὰρ ἡμῖν ἰσοκλινὴς ὁ θεός, οὐδεμίαν ἐπιδεχόμενος διόρθωσιν ἢ μετάθεσιν, κρείττων δέ, οἶμαι, καὶ βεβαιότερος τῶν ἐν ταῖς κύρβεσιν ἀναγεγραμμένων. ἡγουμένου δὲ ἀκινήτως αὐτοῦ καὶ ἐμμελῶς ὁ σύμπας οἰκονομεῖται διάκοσμος οὐρανοῦ καὶ γῆς, μεμερισμένος κατὰ τὰς φύσεις πάσας διὰ τῶν οἰκείων σπερμάτων εἴς τε φυτὰ καὶ ζῷα κατὰ γένη τε καὶ εἴδη· καὶ γὰρ ἄμ(401a)πελοι καὶ φοίνικες καὶ περσέαι

συκέαι τε γλυκεραὶ καὶ ἐλαῖαι,

ὥς φησιν ὁ ποιητής, τά τε ἄκαρπα μέν, ἄλλας δὲ παρεχόμενα χρείας, πλάτανοι καὶ πίτυες καὶ πύξοι

κλήθρη τ' αἴγειρός τε καὶ εὐώδης κυπάρισσος,

αἵ τε καρπὸν ὀπώρας ἡδὺν ἄλλως δὲ δυσθησαύριστον φέρουσαι,

ὄχναι καὶ ῥοιαὶ καὶ μηλέαι ἀγλαόκαρποι,

Es ist die Polis voll von Weihrauchduft,
zugleich von Paian-Lied und Klagelaut.
(Sophokles, *Oidipus Tyrannos* 4–5)

[Ap 36] So muss man sich dies auch bei der größeren Polis vorstellen, ich meine: bei der Welt. Ein Gesetz, und zwar ein gleichmäßig ausgewogenes, ist nämlich für uns Gott – ein Gesetz, das keine Verbesserung oder Veränderung annimmt, das aber, wie ich glaube, stärker und zuverlässiger ist als alles, was auf den Gesetzestafeln (*kyrbeis*)[H] steht. Dadurch aber, dass er in unerschütterlicher Ruhe und Harmonie sein Führungsamt ausübt, wird die ganze aus Erde und Himmel bestehende Ordnung (*diakosmos*) regiert, die gegliedert ist gemäß der Fülle von Naturen, mittels der jeweils eigenen Keime, in Pflanzen und Tiere nach Gattung und Art, denn Wein(401a)stöcke, Dattelpalmen und Pfirsichbäume,

köstliche Feigen, dazu noch Oliven in prangender Fülle,
(Homer, *Odyssee* 7,116)

wie der Dichter sagt; ferner solche, die zwar nicht Früchte tragen, doch anderem Nutzen dienen, wie Platanen, Fichten, Buchsbäume

Erlen und Schwarzpappeln, auch Zypressen mit köstlichem Dufte,
(Homer, *Odyssee* 5,64)

dazu Bäume, die zur Erntezeit süße, aber schwer aufzubewahrende Frucht bringen,

Birnen, Granaten und Äpfel mit prächtig beladenen Ästen;
(Homer, *Odyssee* 11,589)

τῶν τε ζῴων τά τε ἄγρια καὶ ἥμερα, τά τε ἐν ἀέρι καὶ ἐπὶ γῆς καὶ ἐν ὕδατι βοσκόμενα, γίνεται καὶ ἀκμάζει καὶ φθείρεται τοῖς τοῦ θεοῦ πειθόμενα θεσμοῖς· »πᾶν γὰρ ἑρπετὸν πληγῇ νέμεται«, ὥς φησιν Ἡράκλειτος.

dann von den Tieren die wilden und zahmen Arten, solche, die in der Luft, auf der Erde und im Wasser leben: Sie alle entstehen, reifen und vergehen, indem sie Gottes Satzungen (*thesmoi*) gehorchen; es wird ja »alles, was kriecht, von einem Geißelschlag gehütet«, wie Herakleitos (22 B 11) sagt.

(7) εἷς δὲ ὢν πολυώνυμός ἐστι, κατονομαζόμενος τοῖς πάθεσι πᾶσιν ἅπερ αὐτὸς νεοχμοῖ. καλοῦμεν γὰρ αὐτὸν καὶ Ζῆνα καὶ Δία, παραλλήλως χρώμενοι τοῖς ὀνόμασιν, ὡς κἂν εἰ λέγοιμεν δι᾽ ὃν ζῶμεν. Κρόνου δὲ παῖς καὶ χρόνου λέγεται, διήκων ἐξ αἰῶνος ἀτέρμονος εἰς ἕτερον αἰῶνα· ἀστραπαῖός τε καὶ βρονταῖος καὶ αἴθριος καὶ αἰθέριος κεραύνιός τε καὶ ὑέτιος ἀπὸ τῶν ὑετῶν καὶ κεραυνῶν καὶ τῶν ἄλλων καλεῖται. καὶ μὴν ἐπικάρπιος μὲν ἀπὸ τῶν καρπῶν, πολιεὺς δὲ ἀπὸ τῶν πόλεων ὀνομάζεται, γενέθλιός τε καὶ ἑρκεῖος καὶ ὁμόγνιος καὶ πατρῷος ἀπὸ τῆς πρὸς ταῦτα κοινωνίας, ἑταιρεῖός τε καὶ φίλιος καὶ ξένιος καὶ στράτιος καὶ τροπαιοῦχος καθάρσιός τε καὶ παλαμναῖος καὶ ἱκέσιος καὶ μειλίχιος, ὥσπερ οἱ ποιηταὶ λέγουσι, σωτήρ τε καὶ ἐλευθέριος ἐτύμως, ὡς δὲ τὸ πᾶν εἰπεῖν, οὐράνιός τε καὶ χθόνιος, πάσης ἐπώνυμος φύσεως ὢν καὶ τύχης, ἅτε πάντων αὐτὸς αἴτιος ὤν.

διὸ καὶ ἐν τοῖς Ὀρφικοῖς οὐ κακῶς λέγεται

> Ζεὺς πρῶτος γένετο, Ζεὺς ὕστατος ἀρχικέραυνος·
> Ζεὺς κεφαλή, Ζεὺς μέσσα, Διὸς δ᾽ ἐκ πάντα τέτυκται·
> (401b) Ζεὺς πυθμὴν γαίης τε καὶ οὐρανοῦ ἀστερόεντος·

Schluss

(Ar 7) [Ap 37] *Einer* ist er und vielnamig, da er benannt wird nach all den Geschehnissen, die er selbst erneuert hat, denn wir nennen ihn *Zen* (»Leben«) und Zeus, wobei wir die Namen nebeneinander gebrauchen, als wollten wir sagen: »der, durch den wir leben (*zen*).« Sohn des Kronos und so des *Chronos* (Zeit) heißt er, da er sich hindurch erstreckt von einer grenzenlosen Ewigkeit zur anderen. *Astrapaios* (»Blitzer«), *Brontaios* (»Donnerer«), *Aithrios* (»Herr des klaren Himmels«), *Aitherios* (»Herr des Äther«), *Keraunios* (»Herr des Donnerkeils«) und *Hyetios* (»Regenspender«) wird er genannt, nach den Regengüssen, Blitzschlägen und den anderen Naturerscheinungen. Und außerdem trägt er den Namen *Epikarpios* (»Frucht-Schützer«) von den Feldfrüchten, *Polieus* (»Polis-Schützer«) nach den Poleis, *Genethlios* (»Sippen-Schützer«), *Herkeios* (»Gehöft-Schützer«), *Homognios* (»Verwandtschafts-Schützer«), *Patroos* (»Vätergott«), weil er an den so benannten Gemeinschaften Anteil hat, *Hetaireios* (»Gefährten-Schützer), *Philios* (Freundes-Schützer«), *Xenios* (»Gastfreund-Schützer)«, *Stratios* (»Heeres-Schützer«), *Tropaiouchos* (»Sieges-Herr«), *Katharsios* (»Reiniger«), *Palamnios* (»Bluträcher«), *Hikesios* (»Schutzflehenden-Schützer«), *Meilichios* (»Herr der Sühneopfer«), wie die Dichter sagen, *Soter* (»Retter«) und *Eleutherios* (»Befreier«) nach der wahren Wortbedeutung (*etymos*). Um es zusammenfassend zu sagen, *Ouranios* (»Herr des Himmels«) ist er und *Chthonios* (»Herr der Erde«), namensgebend für jede Natur und jedes Schicksal, da er von allem der Urheber ist.

Darum heißt es auch in den *Orphika* nicht schlecht:

> Zeus ist der erste und Zeus ist der letzte, der Herrscher des Donners,
> Zeus ist Haupt, Zeus Mitte, aus Zeus ist alles geschaffen.
> (401b) Zeus ist der Erde Grund und auch des
> sternfunkelnden Himmels,

Ζεὺς ἄρσην γένετο, Ζεὺς ἄμβροτος ἔπλετο νύμφη·
Ζεὺς πνοιὴ πάντων, Ζεὺς ἀκαμάτου πυρὸς ὁρμή·
Ζεὺς πόντου ῥίζα, Ζεὺς ἥλιος ἠδὲ σελήνη·
Ζεὺς βασιλεύς, Ζεὺς ἀρχὸς ἁπάντων ἀρχικέραυνος·
πάντας γὰρ κρύψας αὖθις φάος ἐς πολυγηθὲς
ἐκ καθαρῆς κραδίης ἀνενέγκατο, μέρμερα ῥέζων.

οἶμαι δὲ καὶ τὴν Ἀνάγκην οὐκ ἄλλο τι λέγεσθαι πλὴν τοῦτον, οἱονεὶ ἀνίκητον αἰτίαν ὄντα, Εἱμαρμένην δὲ διὰ τὸ εἴρειν τε καὶ χωρεῖν ἀκωλύτως, Πεπρωμένην δὲ διὰ τὸ πεπερατῶσθαι πάντα καὶ μηδὲν ἐν τοῖς οὖσιν ἄπειρον εἶναι, καὶ Μοῖραν μὲν ἀπὸ τοῦ μεμερίσθαι, Νέμεσιν δὲ ἀπὸ τῆς ἑκάστῳ διανεμήσεως, Ἀδράστειαν δὲ ἀναπόδραστον αἰτίαν οὖσαν κατὰ φύσιν, Αἶσαν δὲ ἀεὶ οὖσαν. τά τε περὶ τὰς Μοίρας καὶ τὸν ἄτρακτον εἰς ταὐτό πως νεύει· τρεῖς μὲν γὰρ αἱ Μοῖραι, κατὰ τοὺς χρόνους μεμερισμέναι, νῆμα δὲ ἀτράκτου τὸ μὲν ἐξειργασμένον, τὸ δὲ μέλλον, τὸ δὲ περιστρεφόμενον· τέτακται δὲ κατὰ μὲν τὸ γεγονὸς μία τῶν Μοιρῶν, Ἄτροπος, ἐπεὶ τὰ παρελθόντα πάντα ἄτρεπτά ἐστι, κατὰ δὲ τὸ μέλλον Λάχεσις – [εἰς] πάντα γὰρ ἡ κατὰ φύσιν μένει λῆξις – κατὰ δὲ τὸ ἐνεστὼς Κλωθώ, συμπεραίνουσά τε καὶ κλώθουσα ἑκάστῳ τὰ οἰκεῖα. περαίνεται δὲ καὶ ὁ μῦθος οὐκ ἀτάκτως.

ταῦτα δὲ πάντα ἐστὶν οὐκ ἄλλο τι πλὴν ὁ θεός, καθάπερ καὶ ὁ γενναῖος Πλάτων φησίν·

Zeus ist Mann und Zeus ist auch unsterbliches Mädchen,
Zeus ist der Windhauch des Alls, Zeus Andrang rastlosen Feuers,
Zeus ist Wurzel des Meers, Zeus Sonne und Leuchte des Mondes.
Zeus ist Herr, Zeus König von Allem, im Glanz des Blitzstrahls;
Alles ja birgt er in sich und bringt es zum heiteren Lichte
wieder empor aus der Reine des Hauptes, wundersam wirkend.

(*Orphika Frg.* 31)

[Ap 38] Ich glaube aber, dass auch die *Ananke* (Notwendigkeit) nichts anderes als ihn bezeichnet, der den unbesiegbaren (*aniketos*) Ursprung darstellt, ebenso die *Heimarmene* (Schicksal), weil er alles aneinanderreiht (*eirein*) und unaufhaltsam vorwärtsschreitet, die *Pepromene* (Bestimmung), weil innerhalb des Seienden alles fest begrenzt ist (*peperatosthai*) und nichts unbegrenzt ist, und *Moira*, vom Eingeteiltsein (*memeristhai*) in der Welt, *Nemesis* von der Zuteilung (*dianemesis*) an jeden, *Adrasteia*, weil diese naturgemäß die unentfliehbare (*an-apodraston*) Ursache ist, und *Aisa*, die ewig Seiende (*aei ousa*). Die Geschichte von den Moiren[G] und ihrer Spindel deutet wohl in die gleiche Richtung, denn Moiren gibt es drei, gemäß den Zeitstufen, auf die sie verteilt sind, der Faden der Spindel aber ist teils aufgearbeitet, teils steht er (für die Zukunft) heran, teils rollt er gerade jetzt ab. Aufgestellt über das Geschehene aber ist eine der Moiren, nämlich *Atropos*, weil alles Vergangene unwandelbar (*atrepta*) ist, über das Künftige *Lachesis* – denn auf alle wartet, was ihnen der Natur gemäß zugelost ist (*lexis*) – und über das Gegenwärtige *Klotho*, die einem jeden sein Eigenes vollendet und zuspinnt (*klothousa*). So hat denn auch der Mythos seine nicht ungeordnete Vollendung.

Dies alles aber ist nichts anderes als der Gott, wie auch der edle Platon sagt:

»ὁ μὲν δὴ θεός, ὥσπερ ὁ παλαιὸς λόγος, ἀρχήν τε καὶ τελευτὴν καὶ μέσα τῶν ὄντων ἁπάντων ἔχων, εὐθείᾳ περαίνει κατὰ φύσιν πορευόμενος· τῷ δὲ ἀεὶ ξυνέπεται δίκη, τῶν ἀπολειπομένων τοῦ θείου νόμου τιμωρός, ἧς ὁ γενήσεσθαι μέλλων μακάριός τε καὶ εὐδαίμων ἐξ ἀρχῆς εὐθὺς μέτοχος εἴη.«

»Der Gott also, der – wie das alte Wort lautet – Anfang, Ende und Mitte aller seienden Dinge (in sich) hat, schafft auf geradem Weg Vollendung, da er gemäß der Natur geht; mit ihm zusammen folgt immer Recht, das die bestraft, die dem göttlichen Gesetz untreu werden. An dieses Recht möge sich, wer glückselig werden will, gleich von Anfang an halten.« (Platon, *Gesetze* 4,715e–716a)

APULEIUS

DE MUNDO

(Pr) consideranti mihi et diligentius intuenti et saepe alias, Faustine fili, virtutis indagatrix expultrixque vitiorum, divinarum particeps rerum philosophia videbatur et nunc maxime, cum naturae interpretationem et remotarum ab oculis rerum investigationem sibi vindicet. nam cum ceteri magnitudine rei territi eiusmodi laborem arduum et profundum existimarent, sola philosophia suum non despexit ingenium nec indignam se existimavit, cui divinarum et humanarum rerum disceptatio deferatur; sed conducere [ac dicere] tam bonas artes et eiusmodi operam cum ingenuitate professionis suae credidit et congruere istiusmodi curam talibus studiis et moribus. nam cum mundum homines eiusque penetralia corpore adire non possent, ut terreno domicilio illas regiones inspicerent, philosophiam ducem nancti eiusque inventis imbuti animo peregrinari ausi sunt per caeli plagas his itineribus, quae exploratione acuminis sui pervia sapientiae solis cogitationibus viderant, ut, cum ipsius intervalli condicione a mundi vicinia natura nos secretos esse voluisset, immensitati tamen eius volucrique curriculo cogitationum nostrarum nos pernicitas intimaret; facillimeque ea, de quibus

ÜBER DIE WELT

Prooimion

(Ap Pr) [Ar 1] Wenn ich es mir überlegte und sorgfältiger betrachtete, aber auch sonst oft erschien mir, mein Sohn Faustinus, die Philosophie, die an den göttlichen Dingen teilhat, als Hinführerin zur Tugend und Vertreiberin von Lastern, und dies ganz besonders jetzt, wo sie die Deutung der Natur und die Erforschung der von den Augen entrückten Dinge für sich beansprucht. Während nämlich die übrigen vor der Größe der Sache zurückschreckten und eine derart mühevolles Unterfangen für schwierig und bodenlos hielten, verachtete allein die Philosophie ihre Begabung nicht und hielt sich nicht für unwürdig, dass ihr die Erörterung göttlicher und menschlicher Dinge übertragen würde. Vielmehr glaubte sie, so gute Künste und die Mühe dieser Art seien mit der Eigenart ihres Berufs verbunden und es passe ein Unternehmen dieser Art zu solchen Studien und Sitten. Da es ja nicht möglich ist, dass die Menschen die Welt und ihr Innerstes mit dem Leib erfahren, so dass sie von ihrer irdischen Wohnung aus jene Regionen schauen können, stützten sie sich auf die Philosophie als Anführerin, machten sich mit deren Findungen vertraut und wagten es, mit dem Geist durch die Himmelsregionen zu reisen, und zwar auf den Wegen, die sie durch die Erkundung ihres Scharfsinns als wegbar für die Weisheit allein durch Nachdenken sahen, damit, obgleich die Natur uns durch den Umstand des Abstandes selbst von der Nachbarschaft der Welt (*mundus*) getrennt wissen wollte, uns dennoch die Behendigkeit durch den schnellen Lauf unserer Gedanken mit ihrer Unermesslichkeit vertraut mache. Am leichtesten hat das, woher ihr Ursprung ist, die Seele

origo eius est, anima divinis suis oculis aspexit, agnovit, aliis etiam eius scientiam tradidit, veluti prophetae quidam deorum maiestate completi effantur ceteris, quae divino beneficio soli vident.

quare et eos, qui unius loci ingenia nobis qualitatesque describunt, aut moenia urbis aut alicuius amnis fluenta aut amoenitates et magnitudines montium, alia multa descripta ab aliis, plerique studiose legunt: Nysae iuga et penetralia Coryci et Olympi sacra et Ossae ardua, alia huiuscemodi sola dumtaxat et singula extollunt. quorum me miseret, cum tanto opere nec magnis et oppido paucis inexplebili admiratione capiuntur. hoc illis evenire adeo non est mirabile, cum nihil maius suspexerint neque ad aliquid intenderint, quod maiore diligentia contemplandum esset. ceterum si terrarum orbem omnemque mundum contemplari pariter aliquando potuissent, minus exiguas eius et singulas partes dignas laudibus credidissent, quibus esset universitas comprehensa.

quare nos Aristotelen prudentissimum et doctissimum philosophorum et Theophrastum auctorem secuti, quantum possumus cogitatione contingere, dicemus de omni hac caelesti ratione naturasque <et> officia complexi, et cur et quemadmodum moveantur, explicabimus.

mit ihren göttlichen Augen geschaut, erkannt und anderen das Wissen davon weitergegeben, wie bestimmte Seher, die von der Majestät der Götter erfüllt sind, anderen weissagen, was allein sie durch eine göttliche Gunst schauen.

Daher lesen auch viele eifrig diejenigen, die uns den Charakter und die Eigenarten eines einzigen Ortes beschreiben, entweder die Mauern einer Stadt, das Fließen eines Stromes, Lieblichkeiten und Höhen von Bergen oder vieles andere, das von anderen beschrieben wird: Sie heben die Bergkette von Nysa[G], das Innerste der korykischen (Grotte)[G], die Heiligtümer des Olympos[G], die Abhänge des Ossa[G] und anderes dieser Art jedenfalls einzeln hervor. Diese Leser bedauere ich, weil sie trotz so großer Arbeit auch nicht von Großem und in der Stadt Seltenem in unersättlicher Bewunderung befangen sind. Dass ihnen dies geschieht, ist nicht so sehr verwunderlich, weil sie nicht Größeres geschaut haben und sich auch nicht auf etwas hin ausgerichtet haben, das mit größerer Sorgfalt zu betrachten wäre. Im übrigen hätten sie, wenn sie den Erdkreis (*orbis terrarum*) und die ganze Welt (*mundus*) einmal gleichermaßen hätten betrachten können, weniger die geringen und einzelnen Teile für lobenswert gehalten, aus denen doch die Gesamtheit zusammengefasst ist.

Deshalb sind wir dem Aristoteles[L], dem klügsten und weisesten der Philosophen, und dem Theophrastos[L] als Autoritäten gefolgt, um all das, soweit wir können, durch Denken zu begreifen, und wollen über dieses ganze himmlische Verhältnis sprechen, indem wir sowohl die Natur als auch die Aufgaben erfasst haben, und wollen erklären, warum und auf welche Weise sie bewegt werden.

(1) mundus omnis societate caeli et terrae constat et eorum natura, quae utriusque sunt; vel sic: mundus est ornata ordinatio dei munere, deorum recta custodia. cuius cardinem – sic enim dixerim κέντρον – robustum et immobilem genetrix atque altrix animantium omnium habet tellus supernis omnibus, ut videri potest, aeris liquiditate ad modum tegminis saeptis et opertis. ultra deorum domus est, quod caelum vocamus. quod quidem divinis corporibus onustum videmus, pulcherrimis ignibus et perlucidis solis et lunae reliquorumque siderum, cum quibus fertur per orbem dierum noctiumque curriculis agens et stellarum choros intermino lapsu finem nulla aevi defectione factura. sed cum omne caelum ita revolvatur ut sphaera, eam tamen radicibus oportet teneri, quas divina machinatio verticibus affixit, ut in tornando artifex solet forcipe materiam comprehensam reciproco volumine rotundare: eos polos dicimus, a quibus veluti a cardinibus directio quaedam profecta axis est dictus, divisor et disterminator mundi, orbem terrae in medietate constituens. verum hi vertices, quos immobiles diximus, ita sunt, ut supra caput alter appareat ex parte boreae, qui septemtrionalis vocatur; alter antarcticus humo tegitur, umidus et austrinis vaporibus mollis.

I Die Welt

I 1 Der kugelförmige Kosmos

(Ap 1) [Ar 2] Die ganze Welt (*mundus*) besteht aus der Gemeinschaft von Himmel und Erde und deren Natur, die beiden eigen ist; oder auch so: Welt ist die schmucke Ordnung durch das Wirken Gottes und die rechte Bewahrung durch die Götter. Ihren Mittelpunkt (*cardo*) – so nämlich möchte ich (den griechischen Begriff) *kentron* nennen – nimmt fest und unbeweglich die lebenspendende und alle Lebewesen nährende Erde ein, wobei alles oben, soweit man es sehen kann, durch die Flüssigkeit der Luft in Art eines Daches umhegt und abgeschlossen ist. Jenseits davon ist die Wohnstätte der Götter, die wir Himmel (*caelum*) nennen. Ihn freilich sehen wir als mit göttlichen Körpern gefüllt, mit den schönsten Feuern sowohl der hellen Sonne als auch des Mondes und der anderen Sterne, mit denen er im Kreis bewegt wird, indem er durch den Lauf der Tage und Nächte getragen wird und dabei die Reigentänze der Sterne in ununterbrochener Bewegung führt, ohne dass eine Unterbrechung der Ewigkeit ein Ende schaffen wird. Auch wenn aber der gesamte Himmel sich so bewegt wie eine Kugelschale (*sphaera*), muss er dennoch von Wurzeln (*radices*) gehalten werden, welche die göttliche Mechanik an den Spitzen (*vertices*) so befestigt hat, wie beim Drechseln der Handwerker mit einer Zange das Holz festhält, um es mit zurückgehendem Volumen rund zu machen. Diese nennen wir Pole (*poli*), von denen wie von Mittelpunkten (*cardines*) eine bestimmte gerade Linie ausgeht und Achse (*axis*) genannt wird, die Teilerin und Auseinanderscheiderin der Welt, die den Erdkreis in seiner Mitte konstitutiert. Diese Spitzen aber, die wir unbeweglich genannt haben, sind so, dass über (unserem) Haupt die eine auf der Seite des *Boreas*[W] (Nordwinds) erscheint, die auch *Septemtrionalis* (das »Siebengestirn« des Großen Wagens, Norden) genannt wird; die andere aber, *Antarcticus*, wird vom Erdboden verborgen; sie ist feucht und durch die südlichen Dämpfe weich.

sed caelum ipsum stellaeque caeligenae omnisque siderea compago aether vocatur, non, ut quidam putant, quod ignitus sit et incensus, sed quod cursibus rapidis semper rotetur, elementum non unum ex quattuor, quae nota sunt cunctis, sed longe aliud, numero quintum, primum ordine, genere divinum et inviolabile.

(2) iam astrorum innumerabilis multitudo partim labitur cum orbis inerranti<s> regione, quam circulus ambit signifer obliqua complexione circumdatus et signis XII illuminatus, partim errantibus stellis, quae neque priorum motus habent neque sane inter se similes et aequales, sed affixae diversis globis inordinatum, ut sic dixerim, ordinem servant; aliaeque ultra sunt, aliae citra. stellae, quae propter naturam eiusmodi nullis creduntur erroribus vagae, et infinitos numero greges ducunt et simplex aetheris dorsum alma et sacrata amoenitate lucis coronant. septem vero deorum nominibus illustres totidem orbibus affixae sunt et gradatim sibimet superlatae, ut superior inferiore sit maior, ac vicissim mutuis adhaesionibus nexae complexu illius orbis, qui inerrabilis dicitur, continentur.

hic Phaenonis globus, quem appellamus Saturnum; post quem Phaethontis secundus est, quem Iovem dicimus; et loco tertio Pyroïs, quam multi Herculis, plures Martis stellam vocant. hanc

Der Himmel selbst aber und die am Himmel geborenen Sterne und das ganze Sternen-Gefüge werden Äther (*aether*) genannt, nicht, wie manche glauben, weil er entzündet und angebrannt ist, sondern weil er in raschen Läufen immer im Kreis geschwungen wird und nicht ein Element von vieren ist, die allen bekannt sind, sondern ein ganz anderes, das fünfte an der Zahl, das erste nach der Ordnung, vom Ursprung her göttlich und unvergänglich.

I 2 Äther: Himmel und Sterne

(Ap 2) Die unberechenbare Vielzahl von Sternen bewegt sich teils mit der Kreisregion der nicht irrenden Sterne (Fixsterne), die der Tierkreis mit seinem schräg angeordneten Umlauf durchschreitet und mit seinen zwölf Sternbildern erleuchtet, teils besteht er aus den irrenden Sternen (Planeten), die weder die Bewegungen des ersten haben noch Bewegungen, die untereinander ähnlich oder gleich, aber an verschiedenen Kugeln befestigt sind und sozusagen ungeordnet eine Ordnung beachten; manche von ihnen sind jenseits, manche diesseits. Diejenigen Sterne, die von Natur aus nicht der irrenden Bewegung unterworfen sind, führen endlose Sternenscharen und bekränzen den einheitlichen Rücken des Äthers mit der geheiligten Anmut des Lichts. Die sieben durch die Namen der Götter geadelten Sterne sind an ebenso vielen Bahnen befestigt und in Ebenen so übereinander angeordnet, dass die obere Bahn größer ist als die unmittelbar darunter liegende und durch die aneinander fixierte Schale miteinander verbunden gehalten wird.

Hier ist die Kugel des *Phaenon*[M], die wir als Saturnus[M] bezeichnen; nach ihr *Phaëthon*[M] als zweite, die wir Iuppiter[M] nennen, und an drittem Platz *Pyroïs* (»Feurig«), die viele den Stern des Hercules[M] und einige den Stern des Mars[M] nennen. Auf sie folgt

sequitur Stilbon, cui quidam Apollinis, ceteri Mercuri nomen dederunt. quintus Phosphorus, Iunonia immo Veneris stella censetur. deinde Solis est orbis et ultima omnium Luna altitudinis aethereae principia disterminans, quae divinas et immortales vivacitates ignium pascens ordinatis ac semper aequalibus invectionibus solvitur atque reparatur.

(3) post eam vero partem, quae sancti aetheris finibus coercetur, cuius mensa pensaque distinctio est et natura immutabilis, regio e<s>t mortalis ac iam paene terrena, cuius primae sunt partes tenuiores et vaporatae, quippe cum finitimis aetheris attingantur ardoribus, quantum maximis parva et quantum rapidis possunt pigriora contingi. sed ex ea parte, quae curriculis finitimi inuritur Solis, se iaculari atque emicare et scintillare flammae quaedam ostensae oculis nostris videntur, quas Graeci cometas et <do>cidas et bothynos appellant quasque labi et fluere frequenter videmus, lucere <facile> faciliusque restingui.

exin inferioris aeris qualitas turbidior infunditur, cui permixtus est glacialis rigor; sed superioris vicinia claritatis et propinqui caloris afflatu nitescit ac sinceriore interdum luce vestitur. huius saepe mutabilis convertitur species, cum sit natura vitiabili: et in nubes cogitur et reciprocis flabris aperitur et nimbis vehementibus rumpitur, nivibus etiam et glacie inhorrescit et praecipiti grandine

Stilbon (»Glänzend«), der manche den Namen des Apollo[M], andere den des Mercurius[M] gegeben haben. Die fünfte (Kugel) ist *Phosphorus* (»Lichtbringer«), den man für den Stern der Venus[M] hält. Dann ist der Kreis des Sol[M] (»Sonne«) und als allerletzter Luna[M] (»Mond«), dessen Höhe bis zum Anfang des Äthers reicht, der die göttlichen und unsterblichen Lebendigkeiten der Feuer hegt und in geordneten und immer gleichen Bahnen löst und wieder bereitet.

I 3 Feuer, Luft, Erde und Wasser

(Ap 3) Nach diesem von den Grenzen des göttlichen Äthers umschlossenen Bereich, dessen Grenze streng definiert ist und dessen Natur unveränderlich ist, gibt es eine sterbliche und schon fast irdische Region, deren obere Teile dünner und wärmer sind, weil sie von den benachbarten Feuern des Äther überspült werden, soweit mit den Größten die Kleinen und soweit die Schnellen mit den Langsamen in Berührung kommen können. Aber auf jener Seite, die durch den engen Lauf des Sol[M] (der Sonne) verbrannt wird, erscheinen sie unseren Augen als Flammen, die strahlen, leuchten und glänzen; die Griechen bezeichnen sie als Kometen, *Docidas* (»Stäbe«) und *Bothynos* (»Grube«); wir sehen sie oft vorübergehen und verschwinden, leicht aufleuchten und noch leichter verlöschen.

Dann ist da noch die Ausdehnung der niedrigeren Luft, die von trüberer Qualität und mit einer eisigen Kälte vermischt ist; aber die Nähe des höheren Lichts und der Atem der angrenzenden Hitze lassen sie leuchten und manchmal ist sie mit einem reineren Licht bedeckt. Oft ändert sich ihr Aussehen und verwandelt sich, weil ihre Natur verletzlich ist: sie kondensiert zu Wolken, öffnet sich zu den abwechselnden Schlägen der Winde, wird durch heftige Gewitter gebrochen, starrt von Schnee und Eis und wird vom

desuper verberatur; turbinum flatibus typhonumque conflictu fit procellosa, sed telis fulminum et missilium caelestium iaculis ignescit.

(4) aeri terra coniungitur eaque in se suscipit maria. haec frequentatur animantibus, haec silvarum viriditate vestitur, haec fontium perennitate recreatur, haec fluminum frigidos lapsus nunc erroribus terrenis vehit, modo profundo in mari confundit; eadem infinitis coloribus floret, altitudine montium, camporum aequore, nemorum opacitate variatur, sinuosis inflexa litoribus, distincta insulis, villulis urbibusque collucens, quas sapiens genus, homo communibus usibus fabricatur.

nec sum nescius plerosque huius operis auctores terrarum orbem ita divisisse: partem eius insulas esse, partem vero continentem vocari, nescii omnem hanc terrenam immensitatem Atlantici maris ambitu coerceri insulamque hanc unam esse cum insulis suis omnibus. nam similes huic alias <maiores> et alias minores circumfundit Oceanus, quae tamen merito videntur ignotae, cum ne hanc quidem, cuius cultores sumus, omnem peragrare possimus. nam sicut hae insulae interfluuntur, quae sunt in nostro mari, ita illae in universo salo fretis latioribus ambiuntur.

fallenden Hagel geschlagen; sie ist dem Wehen von Wirbelstürmen und Taifunen ausgesetzt und leuchtet unter den Pfeilen von Blitzen von Himmelsgeschossen.

(Ap 4) [Ar 3] Mit der Luft ist die Erde verbunden und nimmt die Meere in sich auf. Sie ist von Lebewesen bevölkert; sie ist vom Grün der Wälder bedeckt; sie wird erfrischt durch die beständige Fülle der Quellen; sie lässt auch die kalte Strömung der Flüsse bald entlang der Windungen auf dem Boden fließen, bald in den Abgründen des Meeres versinken. Die Erde blüht also in unendlichen Farben, variantenreich durch die Höhe der Berge, die Flachheit der Ebenen und die Dunkelheit der Wälder, gebogen durch die buchtenreichen Küsten, übersät mit Inseln und strahlend mit Dörfern und Städten, die ein vernünftiger Stamm, der Mensch, sich für die Bedürfnisse des gemeinsamen Lebens errichtet.

Auch weiß ich wohl, dass viele Autoritäten dieser Arbeit den Erdkreis wie folgt eingeteilt haben: Ein Teil von ihm seien Inseln, einen Teil hingegen nenne man Festland, ohne zu wissen, dass auch diese ganze Erdenriesigkeit (die Oikoumene) vom Umlauf des Atlantischen Meeres[G] begrenzt wird und diese nur eine Insel mit all ihren Inseln ist. Der Oceanus[G] umströmt nämlich noch andere, dieser ähnliche größere und kleinere Inseln, die dennoch verdientermaßen unbekannt scheinen, da wir nicht einmal diejenige, deren Bewohner wir sind, ganz durchreisen können. Wie diese Inseln dazwischen umströmt werden, die in unserem Meer[G] sind, so werden jene in der allumfassenden Salzflut durch breitere Meerarme (*freta*) umfasst.

(5) elementorum inter se mutui nexus artis affinitatibus implicantur et quinque coniuges copulae his ordinatae vicibus attinentur, ut adhaereant [et] gravioribus leviora: aquam in se habet tellus aut aqua, ut alii putant, vehit terram; aer ex aqua gignitur, ignis aeria densitate conflatur; aether vicissim ignesque illi immortalis dei vivacitate flammantur. huius divini ignis origine incensi per totius mundi convexa illustribus facibus ignescunt. superna quapropter dii superi sedes habent, infima ceterorum animantium terrena possident genera, per quae serpunt et erumpunt et scatent flumina, fontes et maria, quae meatus et lacunas et origines habent in gremio terrarum.

ipsarum vero insularum, quae sunt in nostro mari, digna memoratu Trinacria est, Euboea, Cypros atque Sardinia, Creta, Peloponnesos, Lesbos, minores autem aliae, ut naevuli quidam, per apertas ponti sunt sparsae regiones, aliae Cyclades dictae, quae frequentioribus molibus alluuntur.

(6) maria maiora sunt Oceanus et Atlanticum, quibus orbis nostri terminantur anfractus. sed occiduarum partium mare per angustias oris artatum in artissimos sinus funditur et rursus a columnis Herculis refusum in immensam latitudinem panditur saepiusque coëuntibus terris veluti quibusdam fretorum cervicibus, premitur

II 1 Geographie: Inseln, Meere, Oikoumene

(Ap 5) Die Verbindungen der Elemente untereinander sind durch die Verwandtschaften der Kunst verknüpft und fünf Partner werden von diesen Wechselbeziehungen in geordneter Verbindung gehalten, so dass den schwereren die leichteren anhängen: Die Erde hat das Wasser in sich oder das Wasser zieht, wie andere meinen, die Erde; die Luft entsteht aus dem Wasser; das Feuer wird durch die Dicht der Luft angefacht. Der Äther seinerseits und die Feuer werden durch jene Lebendigkeit des unsterblichen Gottes entflammt. Durch den Ursprung dieses göttlichen Feuers entzündet setzen sie in den Kugelschalen der ganzen Welt mit leuchtenden Fackeln alles in Brand. In der Höhe haben deshalb die hohen Götter ihren Wohnsitz, unten hingegen die irdischen Geschlechter der Erdenwesen, durch die Flüsse, Quellen und Meere kriechen, ausbrechen und hervorsprudeln, die ihren Lüfue, Seen und Quellen im Schoß der Erde haben.

Von den Inseln selbst aber, die es in unserem Meer gibt, sind der Erwähnung wert Trinacria (Sizilien)[G], Euboia[G], Zypern[G] und Sardinien[G], Kreta[G], die Peloponnes[G] und Lesbos[G], kleiner aber sind zum einen die – wie manche Muttermale – durch die offenen Regionen des Meeres verstreuten Inseln (Sporaden[G]), zum anderen die sogenannten Kykladen[G] , die von recht zahlreichen Wogen bespült werden.

(Ap 6) Die größeren Meere sind der Oceanus[G] und das Atlantische Meer[G], durch welche die Außenseite unseres Erdkreises begrenzt wird. In den westlichen Teilen wird das Meer durch eine schmale Öffnung (*angustiae oris*) beengt, strömt dann wieder, von den sogenannten Säulen des Hercules[G] ergossen in eine unermessliche Weite und wird sodann, weil häufiger die Länder zusammengehen wie bestimmte Nacken (*cervices*) von Meeresarmen (*freta*),

et idem rursus cedentibus est terris immensum. primum igitur a columnis navigantibus dextrum latus duobus sinibus maximis cingitur, quorum primus duas Syrtes habet, alter imparibus quidem sinuatur figuris, sed in maxima divisus est maria, quorum unum Gallicum dicitur, alterum Africum, quod quidem Aristoteles Sardiniense maluit dicere, tertium Hadriaticum pelagus. his iungitur Siculum et post Creticum, eo indiscretis finibus Pamphylium, Assyrium, Aegyptium. sed ante Aegaeum et Myrtoum sunt maria. his sane vicinus est Pontus, sinus amplissimus maris nostri, cuius extremus recessus in Maeotim senescit; ex Hellesponti fonte concipitur vestibulumque eius Propontis vocatur.

ab ortu solis Oceanus est Indicum et Persicum mare conferens; hinc patescunt finitima Rubri maris, quae per angustas longinquasque faucis in Hyrcanium et Caspium flectuntur sinus, ultraque profundae vastitatis esse maria creduntur. deinde paulatim Scythicum et Hiber<ni>um freta, et rursum mare, per quod Gallicum <sinum> atque Gaditanas columnas circumvectus Oceanus orbis nostri metas includit.

(7) sed in altera parte orbis iacent insularum aggeres maximarum, Britanniae duae, et Labeon et Hibernia, <iis> quas supra diximus [esse], maiores. verum hae in Celtarum finibus sitae sunt. minores vero ultra Indos, Taprobane atque Loxe. multaeque aliae orbis ad modum sparsae, hanc nostram insulam – id est hunc terrarum orbem –, quam maximam diximus, ornamentis suis pingunt et

gedrückt und dann wieder, wo die Länder zurückweichen, unermesslich. Zunächst also wird es für diejenigen, die durch die Säulen des Hercules[G] einfahren, auf der rechten Seite von zwei sehr große Buchten eingefasst, deren erste die zwei Syrten[G] einnimmt und die zweite in ungleichen Formen eingebuchtet, doch in sehr große Meere geteilt ist, von denen das eine gallisch[G] heißt, das zweite africanisch – dieses wollte Aristoteles (*Meteorologie* 364a21) sardinisch[G] nennen –, das dritte adriatisches[G] Meer. Mit ihnen verbunden sind das sizilische[G] und danach das kretische[G] Meer, von dort mit unscharfen Grenzen das pamphylische[G], assyrische[G] und ägyptische[G]. Davor sind das ägäische[G] und myrtoïsche[G] Meer. Diesen ganz benachbart ist der Pontus[G], der weiteste Busen unseres Meeres[G], dessen innerster Winkel in die Maiotis[G] ausläuft; vom Eingang des Hellespontus[G] an wird er empfangen und sein Vorhof wird Propontis[G] genannt.

In der Gegend des Sonnenaufgangs bringt der Oceanus das Indische[G] und das Persische[G] Meer mit sich; hier sind die Grenzen des Roten Meeres[G], die durch schmale und lange Rachen (*fauces*) in den hyrkanischen[G] und caspischen[G] Busen gebogen werden; jenseits davon aber sind, wie man glaubt, Meere von enormer Weite. Dann gibt es allmählich den scythischen[G] und den hibernischen[G] Meeresarm, dann wieder ein Meer, durch das den gallischen[G] Busen und die gaditanischen Säulen (des Hercules)[G] des Oceanus umfährt und die Grenzen unseres Erdkreises einschließt.

(Ap 7) Auf der anderen Seite des Erdkreises liegen die Landmassen sehr großer Inseln: die zwei britannischen[G], nämlich Labeon (Albion[G]) und Hibernia[G], größer als die, von denen zuvor gesprochen worden ist; sie freilich liegen im Gebiet der Kelten[G]. Kleiner aber sind jenseits der Inder Taprobane[G] und Loxe[G]. Viele andere sind auf dem Erdkreis weit verstreut; diese unsere Insel – das heißt: diesen Erdkreis –, die wir als größte genannt haben (s. o. Ap. 4),

continuatione ut quibusdam sertis coronant. at enim huius terrae, quam nos colimus, latitudo XL, prolixitas LXX milia stadiorum tenet. sed in divisione terrarum orbis Asiam et Europam et cum his vel, sicut plures, praeterea Africam accepimus.

Europa ab Herculis columnis usque Ponticum et Hyrcanium mare ac flumen Tanaïn fines habet, Asia ab isdem angustiis Pontici maris usque ad alias angustias, quae inter Arabicum sinum et interioris ambitum pelagi iacent, constringiturque Oceani cingulo et societate nostri maris. sed alii alio modo, ut quidam ab exordio Tanaïs ad ora Nili Asiae terminos metiuntur. Africam vero ab isthmo Rubri maris vel ab ipsis fontibus Nili oriri putandum eiusque in Gaditanis locis fines esse. sed ipsam Aegyptum plerique Asiae, plures Africae adiungunt, ut insularum situs sunt qui cum finitimis locis comprehendunt et sunt qui in alia divisione eas habendas putant.

de mari satis dictum.

bemalen sie mit ihrem Schmuck und bekränzen sie fortwährend wie mit bestimmten Girlanden. Sie umfasst aber von dem Land, das wir bewohnen, die Breite 40 000, die Länge 70 000 Stadien[G]. In der Einteilung des Erdkreises haben wir Asien, Europa und mit diesen, wie mehrere meinen, außerdem Afrika angenommen.

Europa hat das Gebiet von den Säulen des Hercules[G] bis zum Pontischen[G] und Hyrkanischen Meer[G] und zum Fluss Tanaïs[G], Asien von eben diesen Engen des Pontischen Meeres bis zu anderen Engen, die zwischen dem Arabischen Golf[G] und dem Gestade des inneren Meeres[G] liegen; es wird umfangen vom Umkreis des Oceanus[G] und der Gemeinschaft unseres Meeres[G]. Einige aber bemessen die Grenzen in anderer Weise, etwa vom Ausgang des Tanaïs[G] bis zu den Mündungen des Nil die Grenze Asiens. Afrika dagegen muss man vom Isthmos des Roten Meeres[G] oder den eigentlichen Quellen des Nil bis zu Grenzen im Gebiet von Gades[G] (an den Säulen des Hercules) annehmen. Ägypten verbinden einige mit Asien, die Mehrheit mit Afrika, ebenso gibt es zur Lage der Inseln Leute, die sie mit den benachbarten Gebieten zusammenfassen, und andere, die sie zur einer anderen Abteilung rechnen zu müssen meinen.

Über das Meer ist (damit) genug gesagt.

(8) terreni vero casus ita se habent: exhalationes duas physici esse dicunt: tenues et frequentes vixque visibiles ad superiora minari ex gremio telluris, nebularum agmina halitu amnium fontiumque constare matutinis temporibus crassiora. harum altera arida est atque <fumo> consimilis, quae terrenis eructationibus surgit, altera umida et egelida; hanc ex fluentis superioris vaporis natura ad se trahit. et ex hac quidem nebulae, rores, pruinae, nubila et imbres, nix atque grando generantur; de illa superiore, quam diximus siccam, venti, animae atque flamina et fulmina atque aliae ignitorum telorum gignuntur plurimae species.

nebula constat aut ex ortu nubeculae aut ex eius reliquiis; est autem exhalatio vaporata et umore viduata, aere crassior, nube subtilior, cui serenitas obolitionem infert. nec aliud est serenitas, quam aer purgatus caligine et perspicue sincerus. ros vero nocturnus umor est, quem tenuiter serenitas spargit.

(9) glaciem dicimus umorem sereno rigore concretum. huic est pruina consimilis, si mollitia roris matutinis frigoribus incanuit. ergo aer actus in nubem nubilum denset et ea crassitudo aquarum fetu gravidatur. imber exprimitur, cum inter se urguentur nubium densitates; totque diversitatibus pluviae cadunt, quot modis aer nubili condicionibus cogitur. raritas enim nubium stillicidia

II 2 Meteorologie: Feuchte und trockene Dämpfe

(Ap 8) Die irdischen Fälle sind wie folgt. Zwei Arten von Dämpfen gibt es, wie die Naturphilosophen sagen: Dünne, zahlreiche, kaum sichtbare ragen nach oben aus dem Schoß der Erde hervor; dichtere Scharen von Nebeln bestünden aus Ausdünstungen von Flüssen und Quellen und seien zur morgendlichen Zeit dichter. Der eine davon ist trocken und dem Rauch ähnlich, der andere feucht und kalt. Letzterer, der aus Wasserläufen stammt, wird durch die natürliche Wirkung der Hitze der oberen Schichten nach oben gezogen. Daraus entstehen Nebel, Tau, Frost, Wolken und Regen, Schnee und Hagel; aus der oben als erste genannten Ausdünstung, die wir als trocken bezeichnet haben, entstehen die Winde, Hauche, Flammen, Blitze und sehr viele andere Arten von Brandgeschossen.

Nebel besteht entweder aus dem Kern einer kleinen Wolke oder aus deren Rückständen; er ist eine heiße und trockene Ausdünstung, dichter als Luft, weniger beständig als eine Wolke; ein klarer Himmel genügt, um ihn aufzuheben. Klarer Himmel ist nichts anderes als die von der Dunkelheit gereinigte, klare und durchsichtige Luft. Tau ist die nächtliche Luftfeuchtigkeit, die der klare Himmel in kleinen Tröpfchen ausbreitet.

(Ap 9) Eis nennen wir die Feuchtigkeit, die sich durch klaren Himmel verdichtet hat. Ihm sehr ähnlich ist Frost; er entsteht, wenn der zarte Tau des Morgens durch die Kälte ergraut. Luft also zu einer Wolke gedrängt, verdichtet sich zu einer Regenwolke, und diese dichte Masse wird mit der Frucht der Wasser geschwängert. Regen wird ausgegossen, wenn sich die dichten Wolken gegenseitig treffen. So viele verschiedene Arten von Niederschlägen gibt es wie Möglichkeiten, dass sich die Luft in Wolken sammelt. Die spärliche Verteilung von Wolken (am Himmel) verbreitet nämlich

dispergit, quae concretae vehementius effundunt agmina largiora et eas aquas, quas imbres vocamus, a quibus hoc differunt nimbi, quod <imber> pluvia iugis est, nimbus autem quanto repentinus est, tanto vehementior, et quanto improvisior praecipitatio eius est, tanto breviore casu restringitur. nives autem colligi iactatione densarum nubium constat; nam priusquam in aquam defluant, fractae ac discissae spumas agitationibus suis faciunt et mox gelatus umor rigore frigoris inhorrescit. haec <cum>, victis nubibus, crebrior ad terram venit, eam nos tempestatem ningorem vocamus. grandinare vero tunc dicimus, cum aqua nubem lapidoso pondere et festinante perrumpit eademque vi et ad pernicitatem incitat<a> et, cedente aeris molli <li>quore, praecipitata[m] indignatione vehementi humum verberat.

(10) haec sat erit de iis quae udis elementis aquosisque contingunt.

verum aliae sunt passiones, cum impulsu frigidioris aeris venti generantur. nec enim aliud est nisi multum et vehemens in unum coacti aeris flumen. hunc spiritum dicimus, licet spiritus ille etiam nominetur qui animalia extrinsecus omnia [vitalia] tractus sui vitali et fecunda ope vegetat. siccos et superioris mundi flatus ventos nominamus, auras vero umidos spiritus.

sed ventorum binae sunt species: qui facti e telluris halitu constant, terrigenae nuncupantur; at illi qui excutiuntur e sinibus, ἐγκολπίαι Graece sunt nominati. consimiles his haberi oportet eos

Nieselregen; wenn die Wolken sich verdichtet haben, gießen sie reichlichere Geschwader aus – das heißt, das Wasser, das wir Regen nennen, von dem sich Schauer unterscheiden, weil der Regen ein beständiger Niederschlag ist, während ein Schauer je plötzlicher, desto heftiger ist (vgl. Lucretius, *De rerum natura* 6,517ff.), und je weniger vorhersehbar sein Fallen ist, desto kürzer ist der Fall, auf den er beschränkt ist. Schnee aber sammelt sich bekanntlich durch das Hin-und-her-Geworfensein dichter Wolken; bevor sie nämlich als Wasser abfließen, bringen sie, durch ihre Bewegungen zerbrochen und zerteilt, Schaum hervor, und sofort wird die gefrorene Feuchtigkeit unter der Härte der Kälte starr. Wenn sie nach dem Sieg über die Wolken dichter auf den Boden fällt, nennen wir dieses Wetter Schneefall. Von Hagel sprechen wir, wenn das Wasser eine Wolke mit dem Gewicht eines Steins und eilends durchbricht und mit der gleichen Kraft zu Behendigkeit angetrieben und, nach unten geschleudert – die weiche Flüssigkeit der Luft weicht dabei zurück – mit heftiger Gereiztheit den Erdboden schlägt.

(Ap 10) Dies soll genug sein über das, was sich aus feuchten und wässrigen Elementen ergibt.

Aber es gibt auch andere Geschehnisse, wenn die Winde[W] durch den Einfluss von kalter Luft entstehen. Tatsächlich ist der Wind nichts anderes als ein großer, in eins gezwungener Luftstrom. Wir geben ihm den Namen *Spiritus*, obwohl auch derjenige *Spiritus* genannt wird, der von außen alle Wesen mit seiner lebendigen und fruchtbaren Kraft belebt. Wir nennen das trockene Blasen der oberen Teile der Welt Winde, die feuchten *Spiritus* aber Brisen.

Es gibt zwei Arten von Winden: Diejenigen, die durch die Ausatmung der Erde gebildet werden, nennt man Erdwinde, und diejenigen, die aus den Golfen wehen, mit dem griechischen Namen *Enkolpiai*. Diesen ähnlich muss man sie diejenigen vorstellen, die

qui de fluminibus, lacubus et stagnis vel ruptis nubibus per aperta caeli manare adsolent rursumque in crassam nubium speciem conglobantur, vel cum imber effusus conciet flabra, quae ἐξυδρίαι Atticorum lingua vocitantur.

(11) nunc nomina exsequemur regionesque ventorum. euros oriens, boreas septemtrio, occidens zephyros, austros medius dies mittit. hos quattuor ventos alii plures interflant. nam quamvis eurus sit ventus orientis, idem tamen aparctias accipit nomen, cum eum oriens aestivus effundit; apeliotes autem vocatur, cum aequidianis exortibus procreatur; eurus est, quando hiemalis ortus portis emittitur; zephyrus vero, quem Romana lingua favonium novit, hic cum de aestivis occiduis partibus surgit, Iapygis nomine cieri solet; at ille qui propior est aequinoctiali plagae * * * [notus] et aquilo, qui VII stellarum regione generatur, et huic vicinus est aparctias; hic [propior est] * * * ad diem medium. thrascias et argestes sunt indidem flantes. austrorum in nominibus illa est observata diversitas: namque cum de abscondito polo flatus adveniunt, notus est; euronotus ille, qui inter notum atque eurum medius effringit; ex alio latere libonotus ex duobus unum facit.

(12) excursores venti habentur, qui directo spiritu pro<flant>; flabris reciprocis caecias putatur esse. et quidam hiemales habentur, ut noti; etesiae frequentiores sunt aestate animis septemtrionis ac

aus den Flüssen, Seen und Teichen oder aus gespaltenen Wolke durch die offenen Räume des Himmels zu wehen pflegen und sich dann wieder zu großen Wolkenmassen versammeln. Ähnlich sind auch jene Winde, die auftreten, wenn der Regen, der ausgeschüttet herabfällt, Luftbewegungen verursacht, die in der Sprache der Attiker (dem Griechischen) *Exhydriai* genannt werden.

(Ap 11) Nun wollen wir die Namen und Gebiete der Winde[W] verfolgen. Die *Euri* schickt der Sonnenaufgang (Osten), die *Boreae* der Norden, der Sonnenuntergang (Westen) die *Zephyri* und die *Austri* der Mittag (Süden). Zwischen diesen vier Winden wehen noch viele andere. Insoweit nämlich der *Eurus* der Ostwind ist, nimmt er dennoch den Namen *Aparctias* an, wenn ihn der hochsommerliche Sonnenaufgang entsendet; *Apeliotes* aber heißt der Wind, wenn er vom Aufgangsort zur Tagundnachtgleiche hervorgebracht wird; *Eurus* ist er, wenn ihn der winterliche Sonnenaufgang entsendet. Der *Zephyrus*, den die römische Sprache als *Favonius* kennt, weht vom sommerlichen Sonnenuntergang her; man pflegt ihn unter dem Namen *Iapyx* zu kennen. Der aber, der näher an der Gegend der Tagundnachtgleiche liegt, * * * (*Lücke im Text*) und der *Aquilo*, der in der Region des Siebengestirns (Großen Bären; s. o. Ap 1) entsteht, und diesem benachbart ist der *Aparctias*; dieser * * * (*Lücke im Text*) zum Mittag. *Thrascias* und *Argestes* sind Winde, die ebendaher wehen. Unter den *Austri* ist bei den Namen jene Unterschiedlichkeit beobachtet worden: Wenn also vom unsichtbaren Pol (Südpol, s. A. 1) Winde ankommen, ist es der *Notus*; *Euronotus* ist jener, der zwischen *Notus* und *Eurus* in der Mitte ausbricht; auf der anderen Seite macht der *Libonotus* aus zweien einen.

(Ap 12) Für *Excursores* (Geradeausweher) hält man diejenigen, die mit geradem *Spiritus* wehen. Man glaubt, der *Caecias* wehe in umgekehrter Richtung. Manche werden für *Hiemales* (Winterwinde) gehalten, etwa die *Noti*; die *Etesiae* (»Jahreswinde«, Passatwinde)

zephyri temperatis. veris ornithiae venti appellantur, aquilonum genus ex aere prosati, minore nisu nec iugi perseverantia spiritus perferentes. at enim procellosus flatus cata<e>gis dicitur, quem praefractum possumus dicere, ventus qui de superiore caeli parte submissus inferiora repentinis impulsibus quatiat. turbo autem dicitur, qui repentinis flabris prosilit atque universa perturbat. vertex ille est vel, uti dicitur, pinea[s], cum torquetur humus arida et ab infimo erigitur ad summum. anaphysemata Graeci vocant eos spiritus, qui de fundo vel hiatibus terrae explosi ad superna meare solent. hi cum maiore vi torti sunt, fit procella terrestris; a Graecis prester nomen accepit. sed cum tormentum illud ire pergit densasque et [t]umidas nubes prae se agit coactasque collidit, fit sonitus et intonat caelum non secus ac si commotum ventis mare cum ingenti fragore undas litoribus impingit.

(13) at Favorinus, non ignobilis sapiens, haec de ventis refert: quattuor mundi plagas imparem numerum habere ventorum, eo quod ortus et occasus mutentur terna vice cum solis accessu, meridies et arctos isdem semper regionibus sint notatae. ortus quippe accepimus aequinoctialem et solstitialem, brumalem, quibus occasus redduntur eadem intervallorum ratione conversa.

sind im Sommer häufiger, sanfter gemacht durch die von Norden kommenden Winde und den *Zephyri.* Frühjahrswinde bezeichnet man als *Ornithiae* (»Vogelwinde«), eine Art von *Aquilones*, die aus der Luft hervorgehen und mit weniger Schwung und nicht mit beständiger Ausdauer *Spiritus* übertragen. Es gibt auch einen stürmischen Wind namens *Cataegis*, den wir als »gebrochen« bezeichnen könnten, einen Wind, der vom oberen Teil des Himmels herabsteigt und die unteren Schichten mit plötzlichen Böen erschüttert. *Turbo* heißt ein Wirbelwind, der mit plötzlichem Wehen hervorspringt und alles durcheinanderwirft. Der *Vertex* (»Wirbel«) oder, wie man sagt, die *Pinea* (»Kegel«) entsteht, wenn die trockene Erde nach einer Drehbewegung geschoben wird und die tiefste Schicht zur höchsten aufsteigt. Diese *Spiritus* nennen die Griechen *Anaphysemata*, die, aus den Tiefen der Erde oder aus ihren Rissen vertrieben, nach oben steigen. Wenn sie in einen Wirbelsturm hineingezogen werden, dann gibt es einen irdischen Sturm; von den Griechen erhält er den Namen *Prester*. Wenn sich aber diese Art von Wirbel weiter ausbreitet, drückt sie dichte und feuchte Wolken vor sich her und zwingt sie, sich gegenseitig anzutreffen, es entsteht ein gewaltiges Geräusch und der Himmel erklingt so, wie es der Fall ist, wenn das von den Winden erschütterte Meer seine Wellen mit großem Brüllen gegen die Küsten drückt.

(Ap 13) Aber Favorinus, ein nicht unberühmter Weiser, berichtet das Folgende über Winde[W] (vgl. Aulus Gellius im Anhang): Die vier Weltgegenden hätten eine ungleiche Anzahl von Winden dadurch, dass Sonnenaufgang und -untergang sich in dreifachem Wechsel verändern, während Mittag und Nacht immer in denselben (Himmels-)Regionen bemerkt werden. Als Aufgang freilich nehmen wir den *Aequinoctialis* (der Tagundnachtgleiche zugehörig), *Solstitialis* (der Sommersonnenwende zugehörig) oder *Brumalis* (der Wintersonnenwende zugehörig), bei denen die Untergänge gegeben werden, indem das Verhältnis der Abstände umgekehrt wird.

eurus igitur aequinoctialis orientis est ventus nec invenusta nominis eius fictio est, qui sit ἀπὸ τῆς ἑῴας ῥέων. idem ἀφηλιώτης a Graecis, subsolanus a nostris solet dici. sed qui ab aestiva et solstitiali orientis meta venit, βορέας Graece, Latine aquilo nominatur; hunc αἰθρηγενέτην, quod sit alias serenus, Homerus ait; βορέαν vero ἀπὸ τῆς βοῆς, quod non sine clamore soleat intonare. tertium ventum, qui ab oriente hiberno venit, Graeci εὐρόνοτον vocant. item occidui sunt tres: caurus, qui Graece ἀργέστης vocatur, is est adversus aquiloni; item favonius, ζέφυρος, euro contrarius; tertius Africus, λίψ, Vulturno reflat. meridies vero, quoniam eadem semper regione signatur, uno austro, id est νότῳ, flatur * * * et is septemtrio habet cognomentum, qui tamen Graeca lingua ἀπαρκτίας dictus est.

(14) horum nomina plerique commutant de loco vel similitudine aliqua, ut Galli circium appellant a turbine eius et vertice, Apuli Iapygem ventum ex Iapygiae sinu, id est ex ipso Gargano, venientem. hunc caurum esse manifestum; nam et ex occiduo venit et Vergilius eius sic meminit:

<illam inter caedes pallentem morte futura
fecerat ignipotens undis et Iapyge ferri.>

Eurus also ist der Wind[W] der Frühjahrs-Tagundnachtgleiche; die Bildung seines Namens ist nicht unschön, da er ein *apo tes eoas rheon* (vom Morgen her strömender) ist. Ebenso pflegt der *Apheliotes* von den Griechen so, von den Unseren aber *Subsolanus* genannt zu werden. Der aber, der vom Aufgangsort der Sonne zur Sommersonnenwende kommt (Nordwind), wird griechisch *Boreas*, lateinisch *Aquilo* genannt. Ihn nennt Homer (*Odyssee* 5,296) *Aithregenetes* (im Aither erzeugt), was sonst heiter meint, den *Boreas* aber *apo tes boes* (von dem Tosen), weil er nicht ohne Tosen zu tönen pflegt. Den dritten Wind, der vom Sonnenaufgang zur Wintersonnenwende kommt, nennen die Griechen *Euronotos.* Ebenso gibt es drei des Sonnenuntergangs: *Caurus* (Nordwestwind), den man griechisch *Argestes* nennt, dem *Aquilo* gegenüber; dann *Favonius, Zephyros* (Westwind), dem *Eurus* entgegen; als dritter *Africus, Lips* (Regenwind), der dem *Volturnus* entgegenweht. Die Mittagsseite (Süden) aber, die stets in derselben Region angezeigt wird, ist allein vom *Auster*, das ist dem *Notos* beweht * * * (*Lücke im Text*) und dieser hat *Septentrio* (Nordwind) als Beinamen, der aber in griechischer Sprache *Aparktias* genannt wird.

(Ap 14) Deren Namen wechseln vielfach nach dem Ort oder irgendeiner Ähnlichkeit, wie die Gallier den *Circius* nach seiner Drehung und seinem Wirbel so bezeichnen, die Apulier den *Iapyx* als Wind, der aus dem Golf von *Iapygia*[G] – das ist aus dem Garganos selbst – kommt. Dass es sich bei diesem um den *Caurus* handelt, ist offenkundig, denn auch er kommt vom Sonnenuntergang (Westen) und Vergilius erwähnt ihn wie folgt:

> Bleich vom nahenden Tod hat künstlich der Gott sie gebildet,
> wie vom *Iapyx* sie und der Flut dem Gemetzel entrafft wird.
>
> (Vergilius, *Aeneis* 8,709–710)

<est> etiam caecias ventus, quem Aristoteles ait ad se trahere nubes et est adagium de eo tale:

ἕλκων ἐφ' αὑτὸν ὥστε καικίας νέφος.

sunt etesiae et prodromi spirantes ex omni parte eo tempore aestatis, quo[d de] Canis oritur. Cato autem in libris Originum non circium, sed cercium dicit. is ventus cercius, cum loquare, buccam implet, armatum hominem, plaustrum oneratum percellit.

(15) nunc de nubium praestigiis referam. quando illa perfracta nubecula patefecerit caelum, ignescunt penetrabiles spiritus emicatque lux clara; hoc dicitur coruscare. et ordine quidem tonare prius oportet, postea coruscare. quippe ubi nubes afflictrix <ignem>, ut ignifera saxa attrita inter se, dat, obtutus velocius illustriora contingit, auditus, dum ad aures venit, seriore sensu concipitur; ita prius coruscare caelum creditur et mox tonare; tum quod ignes, pernicitate sui claricantes, dicto citius nostrae visioni convibrant, sonus aere verberato, id est alterius indicio, sentitur. flamma vero illa, quam nubium afflictus excussit, si robustiore fuerit incendio, impetu devehitur in terras et fulminis habet nomen atque formidinem. presteras vero nominamus, cum flammarum in illis minus fuerit. sed si ignitum non erit fulmen,

Es gibt auch den *Caecias*-Wind[W] (Nordostwind), von dem Aristoteles (*Meteorologie* 364b13) sagt, dass er die Wolken zu sich zieht; es gibt ein Sprichwort über ihn wie folgt:

> An sich ziehend, so wie der *Kaikias* die Wolke
> (vgl. Diogenianos, *Sprichwörter* 4.66)

Es gibt die *Etesiae* (s. o. Ap 12) und *Prodromi* (»Vorläufer«) aus jeder Richtung zu der Zeit des Sommers, zu welcher der Hundsstern aufgeht (Anfang Juli). Cato aber nennt ihn in seinen Büchern der *Origines* (FRH 53 F 5,2) nicht *Circius*, sondern *Cercius*. Dieser *Cercius*-Wind bläst sozusagen die Backen auf, wirft einen bewaffneten Mann und einen beladenen Wagen um.

(Ap 15) Jetzt werde ich über die Truggestalten der Wolken sprechen. Wenn eine Wolke aufreißt und den Himmel sichtbar macht, entzünden sich die Winde, die in sie eindringen, und ein blendendes Licht scheint; dieses Phänomen wird als Blitzen bezeichnet. Der Reihenfolge nach muss es zuerst donnern, dann blitzen. Wenn die treffende Wolke Feuer erzeugt, wie die aneinander geriebenen Feuersteine, ist das Sehen schneller auf den Lichtblitz aufmerksam, während das Hörerlebnis, wenn es das Ohr erreicht, von einem weniger bereiten Sinn wahrgenommen wird – und so glauben wir, dass der Himmel zuerst Blitze und dann Donner erzeugt; fügen wir hinzu, dass die Feuer, die wegen ihrer natürlichen Geschwindigkeit mit Licht erstrahlen, in kürzester Zeit vor unseren Augen zittern, während der Schall nur, wenn die Luft getroffen wurde, und also nur durch einen Vermittler wahrgenommen wird. Die Flamme, die bei der Kollision von Wolken entsteht, wenn sie bei einem stärkeren Feuer ausbrennt, wird durch den Impuls auf den Boden getrieben und hat den Namen und das Grausen eines Blitzes. Wir sprechen von *Prester* (s. o. Ap 12), wenn die Flammen in ihnen weniger vorhanden sind. Wenn das Feuer völlig fehlt, wird es

typhon vocatur. sceptos generale omnibus quae e nubibus cadunt nomen est.

(16) atque, ut breviter comprehendam cuncta generis eiusdem, eorum, quae eiusmodi praestigias humanis inferunt oculis, alia sunt quae speciem tantum spectaculi pariunt, alia quae nihil ab eo quod ostenderint mentiuntur. fallunt imaginem irides et arcus et talia; vere videntur cometae, fulgores et similia pleraque. irin, vulgo arcum, esse aiunt, quando imago solis vel imago lunae umidam et cavam nubem densamque ad instar speculi colorat et medietatem orbis eius secat. rhabdos autem generis eiusdem ad virgae rigorem perlongum colorata nubecula dicitur. alysis est catena quaedam luminis clarioris, per solis ambitum in se revertens. inter hanc et irida illud est, quod iris multicolora est et semicirculo figurata proculque a sole atque luna, catena clarior est astrumque ambit orbe incolumi, corona non discolora. selas autem Graeci vocant incensi aeris lucem. horum pleraque iaculari credas alia labi, stare alia. iaculatio igitur tunc fieri putatur cum aeris meatu atque impulsu generatus ignis celeritate sua <adlabitur> cursumque rapidae festinationis ostendit. stativa lux est, quam sterigmon illi vocant, sine cursu iugis et prolixa lux stellaeque fluor et ignitus liquor, qui, cum latius quatitur, cometes vocatur. sed plerumque luces istae repentino ortae statim occidunt; et item, ut se ostenderint, aliquantisper manent. et sunt

Typhon (Taifun) genannt. *Sceptos* ist der Oberbegriff für alles, was aus den Wolken fällt.

(Ap 16) Um alle gleichartigen Phänomene – also jene, die den Menschenaugen solche Truggestalten bieten – kurz zusammenzufassen, gibt es einige, die nur den Anschein eines Anblicks erzeugen, und andere, die nicht etwas anderes vorgaukeln als sie sind. Optische Täuschungen sind *Iris*, Regenbogen und ähnliche Phänomene; reale Visionen sind Kometen, Blitze und andere mehr. Man sagt, dass die *Iris*, allgemein Regenbogen genannt, entsteht, wenn das Bild der Sonne oder wenn das Bild des Mondes eine feuchte, hohle und dichte Wolke in der Art eines Spiegels einfärbt und in der Mitte des Kreises einschneidet. Ein *Rhabdos* (Stock) ist definiert als eine Wolke des gleichen Typs, farbig, länglich wie eine Stange. *Halysis* (Halo) ist eine Art lebhafte leuchtende Kette, die sich um die Sonne windet und dann zu sich selbst zurückkehrt. Der Unterschied zwischen ihr und der *Iris* ist, dass die *Iris* bunt ist, die Gestalt eines Halbkreises hat und weit weg von Sonne und Mond ist, während die Kette heller ist und den Stern mit einer ununterbrochenen Umlaufbahn und einer Krone umgibt, die nie die Farbe ändert. Als *Selas* bezeichnen die Griechen das Licht, das von der verbrannten Luft erzeugt wird; von diesen Lichtern glaubt man, dass manche geworfen werden, manche gleiten und manche still bleiben. Es wird daher angenommen, dass die geworfenen Lichter auftreten, wenn ein Feuer, das durch eine Bewegung und einen Impuls der Luft erzeugt wird, mit seiner eigenen Geschwindigkeit umherfliegt und dabei die Bahn seiner ungestümen Geschwindigkeit zeigt. Das feste Licht, das jene (Griechen) *Sterigmon* nennen, ist ohne Lauf ein beständiges weites Licht, ein Sternenstrom und eine feurige Flüssigkeit, die dann, wenn sie sich über eine weite Fläche ausdehnt, als *Cometes* (Komet) bezeichnet wird. Aber sehr oft erlöschen diese Lichter, die plötzlich entstehen, auf einmal; ebenso bleiben sie, wenn sie sich gezeigt haben, für eine

multa eiusmodi imaginum genera, quas Graeci faces et docidas et pithos et bothynos ad eorum similitudines, unde dicta sunt, nominant. et quaedam vespertina <vel matutina> sunt notiora; perrara de septemtrione vel meridie videas; nihil horum quippe loci vel temporis in nascendo <f>idem potuit obtin[g]ere.

(17) de <ae>re tantum habuimus, quod diceremus.

kurze Weile. Und es gibt noch viele dieser Bilder, welche die Griechen Fackeln, *Docidas* (»Stäbe«), *Pithos* (»Fass«), *Bothynos* (»Grube«) und anders nennen (s. o. Ap. 3), ähnlich wie die einzelnen Objekte, von denen sie ihren Namen haben. Einige, die im Westen oder Osten erscheinen, sind besser bekannt, doch sehr selten sind sie im Norden oder Süden zu sehen. Niemand konnte nämlich Ort und Zeit ihrer Entstehung glaubwürdig bestimmen.

(Ap 17) Über die Luft haben wir so viel zu sagen gehabt.

(17) sed non aquarum modo tellus in se fontis habet, verum spiritu et igni fecunda est. nam quibusdam sub ter<ris> occulti sunt spiritus et flant incendia indidem <et> suspirant, ut Liparae, ut Aetna, ut Vesuvius etiam noster solet. illi etiam ignes, qui terrae secretariis continentur, praetereuntes aquas vaporant et produnt longinquitatem flammae, cum tepidiores <a>quas reddunt, viciniam <cum> ferventiores opposito incendio aquae uruntur, ut Phlegethontis amnis, quem poetae sciunt in fabulis inferorum. at enim illos quis non admirandos spiritus arbitretur, cum ex his animadvertat accidere, ut eorum religione lymphantes alii sine cibo potuque sint, pars vero praesagiis effantes futura? quod in oraculis Delphicis est ceterisque. vidi et ipse apud Hierapolim Phrygiae non adeo ardui montis vicinum latus nativi oris hiatu reseratum et tenuis neque editae marginis ambitu circumdatum. sive illa, ut poetae volunt, Ditis spiracula dicenda sunt, seu mortiferos anhelitus eos credi prior ratio est, proxima quaeque animalia et in alvum prona atque proiecta venenati spiritus contagione corripiunt et vertice circumacta[s] interimunt. antistites denique ipsos semiviros esse, qui audeant propius accedere, ad superna semper sua ora tollentes; adeo illis cognitum est vim mali, ad inferiora aeris noxii crassitate densa, inferiores quoque facilius adire atque percellere.

II 3 Geologie: Erd- und Seebeben

(Ap 17) Die Erde hat nicht nur Wasserquellen im Inneren, sondern ist auch fruchtbar durch *Spiritus* und Feuer. Tatsächlich gibt es unter bestimmten Bereichen der Erdkruste versteckte *Spiritus* und diese schnauben und atmen Feuer aus der Tiefe, wie es Lipara[G], der Ätna[G] und unser Vesuv[G] zu tun pflegen. Jene Feuer, die in verborgenen Teilen der Erde enthalten sind, verdampfen auch vorbeifließende Gewässer und geben die Ausdehnung ihrer Flamme preis, indem sie die Gewässer erwärmen und indem heißere Gewässer, die dem Brand vorgesetzt sind, ihre Umgebung wie der Fluss Phlegethon[M] verbrennen, von dem die Dichter in den Mythen über die Unterwelt wissen. Aber wer würde diese *Spiritus* nicht für erstaunlich halten, wenn er bemerkt, dass durch sie bewirkt wird, dass durch deren Anbetung manche Wahnsinnige ohne Essen und Trinken auskommen, andere prophezeiend die Zukunft verkünden? Dies geschieht im Orakel von Delphi[G] und anderen. Ich selbst habe bei Hierapolis in Phrygien[G] die benachbarte Seite eines nicht allzu hohen Berges gesehen, die sich zu einer natürlichen Höhle hin öffnete und von einem niedrigen und kleinen Rand umgeben war. Ob wir nun die Definition der Dichter (Vergilius, *Aeneis* 8,856) verwenden und von *Ditis spiracula* (»Dunsthöhlen des Dis[M]«) sprechen oder ob wir vernünftigerweise die Hypothese bevorzugen, dass es sich um tödliche Ausdünstungen handelt: Alle Lebewesen, die in der Nähe sind und mit ihren Bäuchen zu Boden gehen, werden durch den Kontakt mit dem der giftigen *Spiritus* weggerafft und kommen von dessen Wirbel umgeben um. Schließlich sind die Heiligtumsvorsteher selbst Eunuchen, die es wagen, sich zu nähern, aber immer ihr Gesicht hochhalten; sie wissen nur zu gut, dass sich die böse Luft wegen ihrer Schwere in den niedrigeren Schichten verdichtet und dass sie deshalb sie Wesen von niedrigerer Statur leichter erreichen und zerrütten kann.

(18) saepe accidit ut nativi spiritus per terrae concavas partes errantes concuterent solida terrarum, saepius, ut spiritus crescente violentia et insinuantes se telluris angustiis nec invenientes exitum terram moverent.

horum motuum tam varia nomina quam diversi * * * namque obliquis lateribus proxima quaeque iactantes et acutis angulis mobiles epiclintae Graece appellantur; sed qui subsiliunt, excutientes onera et recuperantes directis angulis, brastae vocitantur; illi, qui abstrudere videntur, chasmatiae dicti[s]; quorum impulsu dissilit tellus, r<h>ectae sunt nominati. his passionibus contingit ut quaedam terrae exspirent halitus, aliae vomant saxa, nonnullae caenum; sunt quae fontes pariunt insolentibus locis, peregrinorum fluminum sulcantes vias. ostae sunt motus, quibus solum quatitur; palmatiae vero appellantur, quorum pavitatione illa quae trepidant sine inclinationis periculo nutabunt, cum directi tamen rigoris statum retinent; mycetias vocatur taetri odoris inquietudo terrena. audiuntur mugitus, interioribus gemitibus expressis, cum spiritus invalidus ad terram movendam per aperta telluris inventis itineribus progreditur.

(19) his talibus marina sunt paria, cum fluctuum currentium mole nunc progressibus litora, nunc recursibus sinus caesi quatiuntur. sentitur etiam caeli marisque cognatio, cum menstruis cursibus lunae detrimenta et accessus fretorum atque aestuum deprehenduntur.

(Ap 18) Oft geschieht es, dass eingeborene *Spiritus* durch die hohlen Teile der Erde irren und die festen Teile der Erde erschüttern, öfter, dass die *Spiritus*, die sich mit wachsender Gewalt in den irdischen Höhlungen verfangen und keinen Ausgang finden, die Erde zum Beben bringen.

Von diesen Bewegungen gibt es so viele verschiedene Namen wie * * * (*Lücke im Text*), denn diejenigen, die den Querseiten am nächsten liegen und in spitzen Winkeln beweglich sind, werden auf Griechisch als *Epiclintae* bezeichnet; diejenigen aber, die nach oben springen und dabei Lasten senkrecht hinauf und herab schütteln, werden *Brastae* genannt; jene, die ein Absacken zu verursachen scheinen, werden als *Chasmatiae* bezeichnet; die, durch deren Angriff der Boden aufreißt, nennt man *Rhectae*. Durch diese Geschehnisse kommt es, dass manche Erden Hauche ausströmen lassen, andere Felsen ausspeien, manche Schlamm; es gibt solche, die Quellen an ungewohnten Orten hervorbringen, welche die Läufe fremder Flüsse durchpflügen. *Ostae* sind Bewegungen, durch die der Boden bebt; als *Palmatiae* aber werden diejenigen bezeichnet, durch deren Schwingen alles, was bebt, ohne Gefahr einer Neigung schwingt, während sie den Zustand der in gerader Linie ausgerichteten Lage halten. *Mycetiae* nennt man eine irdische Unruhe mit einem Ekel erregenden Geruch. Man hört Brüllen, wenn das innere Grollen ausgedrückt wird, während ein *Spiritus*, der keine ausreichende Kraft zur Bewegung der Erde hat, durch Öffnungen des Bodens auf gefundenen Bahnen ausbricht.

(Ap 19) Ähnliche Phänomene treten im Meer auf, wenn die Masse der vorrückenden Wellen die Ufer und im Rückströmen die Golfe erschüttert. Spürbar ist eine Verwandtschaft zwischen Himmel und Meer auch, wenn man die mit dem monatlichen Verlauf des Mondes abnehmenden und wachsenden Gezeiten der Meeresarme (*freta*) beobachtet.

verum enimvero ut, quatenus possum, de universitate quod sentio breviter absolvam, elementorum inter se tanta concordia est, aeris, maris atque terrae, ut admirari minus deceat, si illis eadem incommoda soleant ac secunda contingere, particulatim quidem rebus ortus atque obitus afferentia, universitatem vero a fine atque initio vindicantia.

et quibusdam mirum videri solet, quod, cum ex diversis atque inter se pugnantibus elementis mundi natura conflata sit, aridis atque fluxis, glacialibus et ignitis, tanto rerum divortio nondum sit eius mortalitas dissoluta. quibus illud simile satisfaciet, cum in urbe ex diversis et contrariis corporata rerum inaequalium multitudo concordat; sunt enim pariter dites et egentes, adolescens aetas permixta senioribus, ignavi cum fortibus, pessimi optimis congregati. aut profecto, quod res est, fateantur, hanc esse civilis rationis admirandam temperantiam, cum quidem de pluribus una sit facta et similis sui tota, cum dissimilia membra sint, [cum] receptrixque sit naturarum ad diversa tendentium, fortunarum per varias fines exitusque pergentium et, ut res est, contrariorum per se natura flectitur et ex dissonis fit unus idemque concentus.

Um nun aber, soweit ich es vermag, kurz zusammenzufassen, was ich über die Gesamtheit (*universitas*) denke: Es herrscht unter den Elementen – Luft, Meer und Erde – eine so große Eintracht, dass es kaum überraschen darf, dass sie den gleichen ungünstigen oder günstigen Phänomenen ausgesetzt sind, wenn sie Dinge teils hervorbringen oder aber verschwinden lassen, doch die Gesamtheit von Ende und Anfang verschonen.

Einige Menschen sind jedoch anscheinend davon überrascht, dass die Natur zwar aus verschiedenen und widersprüchlichen Elementen besteht – also trocken und feucht, eisig und feurig –, dass aber durch eine so starke Spannung zwischen den Elementen ihre Sterblichkeit noch nicht zerstört wurde. Ihnen mag ein Gleichnis genügen: In einer Stadt wird die Vielzahl unterschiedlicher Elemente, die aus verschiedenen und gegensätzlichen Komponenten stammen, einträchtig; es sind ja gleichermaßen Reiche und Arme, Junge vermischt mit Alten, Ängstliche mit Unerschrockenen, die Schlimmsten mit den Besten. Oder sie geben die Dinge so zu, wie sie sind: Gerade darin besteht im Verhältnis der Bürger die bewundernswerte Ausgewogenheit, dass aus mehreren eine (Einheit) geworden ist (*de pluribus una*), die sich selbst ganz ähnlich ist, während ihre Teile voneinander verschieden sind, dass sie für unterschiedliche Naturen empfänglich ist, für Schicksale, die auf unterschiedliche Wege und Ergebnisse zusteuern. Und tatsächlich, wie es in der Praxis der Fall ist, umfasst die Natur Elemente, die an sich gegensätzlich sind, doch aus der Dissonanz entsteht ein einziger Zusammenklang.

(20) sic mare et femineum secus iungitur ac diversus utriusque sexus ex dissimilibus simile animal facit; artesque ipsae, naturam imitantes, ex imparibus paria faciunt: pictura ex discordibus pigmentorum coloribus, atris atque albis, luteis et puniceis, confusione modica temperatis, imagines iis quae imitatur similes facit; ipsa etiam musica, quae de longis et brevibus, acutis et gravioribus sonis constat, tam diversis et dissonis vocibus harmoniam consonam reddit; grammaticorum artes vide, quaeso, ut ex diversis collectae sint litteris, ex quibus aliae sunt insonae, semisonantes aliae, pars sonantes: hae tamen mutuis se auxiliis adiuvantes syllabas pariunt et de syllabis voces. hoc Heraclitus sententiarum suarum nebulis ad hunc modum est <elocutus>: συνάψιες ὅλα καὶ οὐχ ὅλα, συμφερόμενον διαφερόμενον, συνᾷδον διᾷδον· ἐκ πάντων ἓν καὶ ἐξ ἑνὸς πάντα.

(21) sic totius mundi substantiam initiorum inter se imparium conventu[s] pari nec discordante consensu natura veluti musicam temperavit; namque uvidis arida et glacialibus flammida, velocibus pigra, directis obliqua confu[n]dit unumque ex omnibus et ex uno omnia iuxta Heraclitum constituit; terramque et mare et caelum solis orbe et lunae globo ceterisque orientium et conditorum siderum facibus ornavit, una illa virtute mixta,

III Das Heil der Welt

III 1 Die kosmische Harmonie

(Ap 20) [Ar 5] So kommen Männliches und Weibliches zusammen und die unterschiedlichen Geschlechter erzeugen aus Uungleichem ein Lebewesen, das ihnen ähnelt; die Künste selbst, welche die Natur imitieren, bringen ähnliche Werke aus ungleichen Materialien hervor; die Malerei schafft aus verschiedenen Pigmentierungen von Farben – schwarz, weiß, gelb und rot –, in einem ausgewogenen Verhältnis verschmolzen, Bilder, die den Dingen ähnlich sind, die sie imitiert. Auch die Musik, die aus langen und kurzen, hohen und tiefen Tönen besteht, erzeugt einen harmonischen Zusammenklang aus verschiedenen und unterschiedlich tönenden Stimmen. Man beachte bitte auch die Schreibkunst: Es gibt verschiedene Buchstaben, von denen einige nichttönend, einige halbtönend und einige tönend sind; sich gegenseitig unterstützend erzeugen diese Silben und aus den Silben Wörter. Das ist es, was Herakleitos (22 B 10) in seinem dunklen Stil sagte: »Zusammenfassungen – Alles und nicht Alles, Einträchtiges Zwieträchtiges, Einklang Missklang – aus Allem Eines und aus Einem Alles.«

(Ap 21) So hat die Natur die Substanz der ganzen Welt, als wäre sie Musik, durch den Zusammenklang gegensätzlicher Prinzipien und die harmonische Komposition von Ungleichheiten zur Ausgewogenheit gebracht. Sie hat nämlich das Trockene mit der Feuchtigkeit, die feurige Hitze mit dem Frost, das Langsame mit dem Schnellen, das Krumme mit dem Geraden zusammengefügt und Eines aus Allem und aus Einem Alles gebildet, wie Herakleitos sagt (s o. Ap 20). Sie hat die Erde, das Meer und den Himmel mit dem Sonnenkreis, der Mondkugel und mit den Flammen der anderen auf- und untergehenden Sterne

quam quidem cunctis constat implicatam, dum <in>confusa, dum libera elementorum substantia, ignis, aquae, aeris, terrae, ex quibus huius sphaerae convexa, [et] disparibus qualitatibus naturae conflata, adacta est fateri concordiam, et ex ea salutem operi machinata. principiorum igitur consensus sibi concordiam peperit, perseverantiam vero amicitiae inter se elementis dedit specierum ipsarum aequa partitio et dum in nullo alia ab alia vincitur modo vel potestate; aequalis quippe omnium diversitas, gravissimorum, levissimorum, ferventium, frigidorum, docente ratione naturae, diversis licet rebus aequalitatem deferre concordiam, <concordiam> omni[a]parentis mundi amoenitatem aeternitatemque repperisse.

(22) quid enim mundo praestantius? lauda, quam putas, speciem: portio a te laudabitur mundi; admirare, quam voles, temperantiam, ordinationem, figuram: hic et per hunc illud, quodcumque est, invenietur esse laudandum. nam quid, oro te, ornatum atque ordinatum videri potest, quod non ab ipsius exemplo imitat[ur]a sit ratio? unde κόσμος Graece nomen accepit. euntibus sole atque luna ceteraque luce siderea per easdem vias custoditis temporum vicibus nec ullius erroris interiectione confusis digeruntur tempora et rursus incipiunt <at>que pulchrae et fecundae <h>orae procreantur nunc aestivos vapores revolventes, nunc pruinas hiemis circum referentes; dierum etiam noctiumque curriculis ordiuntur menses, <menses> texunt annos, anni seriem conficiunt saeculorum.

geschmückt, mit jener einen Kraft (*virtus*; vgl. Novák 1911, 132) vermischt, die bekanntlich mit allem verbunden ist, während die unvermischten, die freien Substanzen der Elemente – Feuer, Wasser, Luft, Erde –, aus denen die Krümmung dieser Sphäre, die auch aus ungleichen Eigenarten der Natur vermischt ist, gezwungen sind, sich zu einer Eintracht zu bekennen, und daraus ist das Heil für das Werk bewirkt. Die Übereinkunft der Elemente schuf sich also selbst ihre Eintracht. Die Beständigkeit der Freundschaft untereinander aber wurde den Elementen von der ausgewogenen Verteilung ihrer Arten und der Tatsache gegeben, dass die einen von den anderen in keiner Weise und durch keine Macht besiegt werden. Gleichartig ist die Vielfalt von allen, der schwersten und der leichtesten, der heißen und der kalten, wobei die Natur lehrt, dass freilich verschiedenen Dinge die ausgewogene Verteilung Eintracht schaffe, dass aber die Eintracht die Lieblichkeit und Ewigkeit der alles gebärenden Welt bewirke.

(Ap 22) Was also ist der Welt (*mundus*) überlegen? Lobe eine Art, die du willst: Dein Lob wird sich immer noch auf einen Teil der Welt beschränken; bewundere, was du willst, Ausgewogenheit, Ordnung, Gestalt: Es ist diese Welt, die des Lobes würdig erscheinen wird und durch sie sogar alles, was dort existiert. Antworte mir bitte: Was kann uns als schön und harmonisch erscheinen, wenn nicht das, was als Ordnungsprinzip die Nachahmung der Welt hat? Genau deshalb wird die Welt im Griechischen *kosmos* (Ordnung) genannt. Wenn es eine regelmäßige Unterscheidung der Zeiten gibt, wenn sich schöne Jahreszeiten und fruchtbare Stunden von Anfang an wieder vermehren, kommen dieselben Stunden, die abwechselnd Sommerhitze oder Winterfrost hervorrufen. Durch die Abläufe der Tage und Nächte werden die Monate geordnet, die Monate weben die Jahre und die Jahre bilden die Folge von Jahrhunderten.

et hic quidem mundus magnitudine immensus, cursibus rapidus, splendore perlucidus, valenti habitudine, pubertate iuvenali [causa]. hic animalium nantium atque terrestrium, pinnigerarumque cunctarum distinxit genera, species separavit fixitque leges vivendi atque moriendi. ex hoc animantia vitalis spiritus ducunt. <hinc> illi statis cursibus temporum eventus, qui admirationi solent esse, cum vel inter se ventorum proelia ciuntur vel disiectis nubibus fulminat caelum et tempestates inter se serenae hibernaeque confligunt, micant ignes, imbres rumpuntur et rursus placatis omnibus amoena laetitia mundi reseratur.

(23) videas et viridantibus comis caesariatam esse terram et scatebris fontium manantem, et aquarum agminibus † concientem, parientem atque educantem nec occasibus fatigari, nec saeculis anilitari, excussam erumpentibus semper tam pigris quam moventibus faecibus, aquarum saepe alluvionibus mersam, flammarum per partes voracitate consumptam. quae tamen illi cum regionaliter videantur esse pestifera, ad omnem salutaria sunt et ad redintegrationem eius valent; et, cum movetur, profecto spirat illos spiritus, quibus clausis et effugia quaerentibus movebatur, imbribus etiam madefacta non solum ad educandos fetus suos opimatur, verum etiam pestifera contagione proluitur. flabris autem spirantium aurarum graviores et minus puri aeris spiritus differuntur atque purgant<ur>. tepores frigus glaciale mitificant et brumalis austeritas terrestrium viscerum venas remittit. et pars gignentium, alia adolescentium, cetera

Und in der Tat ist diese Welt von unermesslicher Größe, in ihren Läufen ungestüm, durch ihrer Pracht hell glänzend, durch ihrer Haltung kräftig, in ihrer Zeugungskraft jugendlich. Sie ist es, die alle Tierarten – mögen sie schwimmen, Landtiere sein oder Flügel haben – geschieden und die Regeln für das Leben und das Sterben festgelegt hat. Aus ihr ziehen die lebendigen Wesen ihre belebenden *Spiritus*. Von ihr leiten sich in festen Zeitabläufen die Ereignisse ab, die man zu bewundern pflegt, wenn etwa die Winde kämpfen oder wenn die Wolken zerbrechen, der Himmel glitzert und die sommerlichen und winterlichen Stürme miteinander kämpfen, die Blitze glänzen, die Regenfälle ausbrechen und wiederum auch, wenn die Elemente sich versöhnt haben und die angenehme Freude der Welt sich wieder öffnet.

(Ap 23) Du sollst sehen, dass die Erde, die von mannigfachen Pflanzen bekleidet ist, rings von Quellensprudeln strömt und Wasserzügen angeregt ist (?), alles hervorbringt und aufsprießen lässt, von Untergängen nicht ermüdet und von Jahrhunderten nicht altersschwach wird, auch wenn sie von ebenso bitteren wie heftigen Boden-Eruptionen erschüttert, oft von Wasserfluten überschwemmt und teils auch von Feuersbrünsten vernichtet wird. Doch auch wenn dies ihr regional schädlich zu sein seint, so ist es für das Ganze doch heilsam und nützt ihrer Wiedererneuerung. Wenn sie nämlich bebt, atmet sie tatsächlich jene *Spiritus* aus, durch die sie, wenn sie eingeschlossen sind und Auswege suchen, bewegt wird; und wenn sie von Regengüssen benetzt wird, wird sie nicht nur zum Hervorbringen von Keimen fett gemacht, sondern es werden auch Krankheiten bringende Ansteckungen abgewaschen. Wenn die Morgenbrisen über sie hinweg wehen, werden die schwereren und weniger reinen *Spiritus* der Luft fortgetragen und gereinigt. Die lauere Wärme lindert die eisige Kälte, die winterliche Strenge bringt die Adern der irdischen Eingeweide zurück. Ein Teil übernimmt die Rolle des Entstehenden, ein Teil die des Her-

occidentium vices sustinent sorsque nascentium obitorum loco pullulat et occidentium numerus nascentibus locum pandit.

(24) restat, quod caput est sermonis huius, ut super mundi rectore verba faciamus. indigens quippe orationis huius videbatur ratio, nisi de mundo disputantes, etsi minus curiose, at quoquo modo possemus, <de deo> diceremus. de rectore quippe omnium non, ut ait ille, silere melius est, sed vel parum dicere.

vetus opinio est atque cogitationes omnium hominum penitus insedit deum esse originis [haberi] auctorem deumque ipsum salutem esse et perseverantiam earum, quas effecerit, rerum. neque ulla res est tam praestantibus viribus, quae <eius> viduata auxilio sui natura contenta sit. hanc opinionem vates secuti profiteri ausi sunt, omnia Iove plena esse, cuius praesentiam non iam cogitatio sola sed oculi et aures et sensibilis substantia comprehendit. at haec composita est potestati dei conveniens oratio. sospitator quidem ille, genitor est omnium qui ad complendum mundum nati factique sunt, non tamen ut corpore laboris officio orbem istum manibus suis instruxerit, sed qui quadam infatigabili providentia et procul posita cuncta contingit et maximis intervallis disiuncta complectitur.

anwachsenden, die übrigen die des Untergehenden; das Schicksal der Geborenen keimt an Stelle der Gestorbenen und die Zahl des Untergehenden öffnet den Raum für die Geborenen.

III 2 Die Ursache des Heils: Gott

(Ap 24) [Ar 6] Es bleibt, was die Hauptsache dieser Darstellung ist, dass wir über den Lenker der Welt sprechen. Mangelhaft schiene ja das Verhältnis (der Teile) dieser Rede, wenn wir nicht bei der Erörterung über die Welt – zwar weniger exakt, aber doch, wie auch immer wir es können – über Gott sprächen. Über den Lenker des Alls (*omnia*) ist es nicht, wie jener (Sallustius, *Iugurtha* 19.2) meint, besser zu schweigen, sondern zumindest ein wenig zu sprechen.

Eine alte Meinung besagt und sitzt fest in den Gedanken aller Menschen, dass Gott Urheber des Anfangs ist und dass Gott selbst Heil und Dauer derjenigen Dinge ist, die er hervorgebracht hat. Es gibt ja kein Ding von so herausragenden Kräften, das seines Beistands beraubt, mit seiner eigenen Natur auskäme. Dieser Meinung folgend haben die Seher zu verkünden gewagt, dass Alles voll von Iuppiter[M] sei (vgl. Thales 11 T 22), dessen Gegenwart nicht mehr nur die Überlegung, sondern auch Augen und Ohren und die (anderen) Sinnesorgane wahrnehmen. Doch ist diese Darstellung der Macht Gottes angemessen gestaltet. Jener ist ja der Erhalter von allem und der Erzeuger all dessen, was zur Erfüllung der Welt geboren und geschaffen worden ist; jedoch ist es nicht so, dass er durch die Verrichtung von körperlicher Arbeit diese Welt mit seinen Händen errichtet hätte, vielmehr in der Weise, dass er mit einer Art unermüdlicher Vorsehung auch alles das berührt, was fern von ihm liegt, und das umfasst, was durch größte Abstände entfernt ist.

(25) nec ambigitur eum praestantem, sublimem sedem tenere et poetarum laudibus nomen eius consulum ac regum nuncupationibus praedicari et in arduis arcibus habere solium consecratum. denique propiores quosque de potestate eius amplius trahere: corpora illa caelestia quanto finitima sunt ei, tanto amplius de deo capere; multo minus, quae ab illis sunt secunda, et ad haec usque terrena pro intervallorum modo indulgentiarum dei ad nos usque beneficia pervenire. sed cum credamus deum per omnia permeare et ad nos et ad ultra potestatem sui numinis tendere, quantum abest vel imminet, tantum existimandum est eum amplius minusve rebus utilitatis dare. qua[m]re[m] rectius est atque honestius sic arbitrari: summam illam potestatem, sacratam caeli penetralibus, et illis, qui longissime separentur, et proximis una et eadem ratione et per se et per alios opem salutis afferre nec penetrantem atque adeuntem specialiter singula nec indecore attrectantem comminus cuncta.

talis quippe humilitas deiecti et minus sublimis officii ne cum homine quidem convenit, qui sit vel paululum conscientiae celsioris. militiae principes et curiae proceres et urbium ac domorum rectores dico numquam commissuros esse ut id suis manibus factum velint quod sit curae, levioris, fuscioris, quo<d>que possint nihilo sequius facere dominorum imperia, ministeria servulorum. exemplo, quale sit istud, intellege.

(Ap 25) Es gibt keinen Zweifel daran, dass er einen herausragenden und erhabenen Wohnsitz einnimmt, dass sein Name in den Lobliedern der Dichter durch die Bezeichnungen wie Konsul und König gepriesen wird und dass er einen ihm geweihten Thron auf steiler Feste hat. Sodann (gibt es keinen Zweifel daran), dass die ihm jeweils Näherstehenden in reicherem Maß an seiner Macht teilhaben: Jene Himmelskörper erhalten in dem Maß, wie sie ihm nahe stehen, auch mehr von Gott, viel weniger aber diejenigen, die nach ihnen kommen, und entsprechend der Größe der Abstände bis zu den Dingen hier auf der Erde gelangen die Wohltaten der Gnadenerweisungen (*indulgentiae*) Gottes bis zu uns. Doch auch wenn wir glauben, dass Gott durch alles hindurchdringt und bis zu uns und darüber hinaus die Macht seiner Gottheit ausdehnt, müssen wir dennoch annehmen, dass er in dem Maß, wie er fern oder nahe ist, den Dingen auch mehr oder weniger Nutzen verleiht. Daher ist es richtiger und angemessener, das Folgende anzunehmen: Jene höchste Macht, die dem Allerheiligsten des Himmels zugehört, bringt sowohl denjenigen, die am weitesten von ihr entfernt sind, als auch den Nächststehenden nach ein und demselben Prinzip sowohl durch sich selbst als auch durch Vermittlung von anderen heilsame Hilfe entgegen, wobei sie weder jedes einzelne Ding in besonderer Weise durchdringt und sich ihm nähert noch in ungebührlicher Weise alles aus der Nähe berührt.

Eine solche Niedrigkeit einer schnöden und weniger erhabenen Verrichtung passt ja nicht einmal zu einem Menschen, der auch nur etwas mehr Selbstbewusstsein besitzt. Oberste eines Heeres, Anführer des Rats sowie Vorsteher von Städten und Häusern, wie ich behaupte, werden niemals so weit gehen, dass sie bereit wären, das mit ihren eigenen Händen zu verrichten, was zu unwichtiger und unbedeutender Dienstaufgabe zählt und was ebenso gut die bloßen Befehle der Herren bewirken können, Dienstleistungen von kleinen Sklaven. An einem Beispiel sollst du erkennen, von welcher Art das ist.

(26) Cambyses et Xerxes et Darius potentissimi reges fuerunt. horum praepotentiam, quam ex opibus collegerant, lenocinium vitae effecerat celsiorem, cum eorum alter, apud Susam et Ecbatanas ut in fano quodam sacratus nulli temere notitiam oris sui panderet, [sed] circumsaeptus admirabili regia, cuius tecta fulgerent eboris nive, argenti luce, flammis ex auro vel electri claritate. limina vero alia prae aliis erant; interiores fores exteriores ianuae muniebant portaeque ferratae et muri adamantina firmitate; ante fores viri fortes stipatoresque regalium laterum tutela pervigili custodia<m> per vices sortium sustinebant. erant inter eos et divisa officia: in comitatu regio armiger<i> quidam, at extrinsecus singuli custodes locorum erant et ianitores et atrienses. sed inter eos aures regiae et imperatoris oculi quidam homines vocabantur, per quae officiorum genera rex ille deus esse ab omnibus credebatur, cum omnia, quae ubique gererentur, [quae] ille otacustarum relatione discebat. dispensatores pecuniae, quaestores vectigalium, tribunos aerarios habebat alios et alios praefecerat ceteris muneribus. alii venatibus agendis provinciam nacti, pars domibus et urbibus praefecti putabantur et ceteri perpetuis magnisque curis observationi singularum rerum appositi erant. sed omne Asiaticum regnum ab occidente Hellespontus terminabat, ab ortu gens inchoabat Indorum; duces ac satrapae ubique dispositi et permixta locis omnibus mancipia regalia. ex eo numero erant excursores diurni atque nocturni, exploratores ac nuntii, specula[to]rum incensores adsidui. tum horum per vices incensae faces ex omnibus regni sublimibus locis in uno die imperatori significabant quod erat scitu opus.

(Ap 26) Kambyses[H], Xerxes[H] und Dareios[H] waren sehr mächtige Herrscher; ihre herausragende Macht, die sie aus dem Reichtum ableiteten, wurde durch ihr luxuriöses Leben weiter verherrlicht. Der Zweitgenannte, der in Susa[H] und Ekbatana[H] wie in einem Heiligtum vergöttlicht wurde, zeigte sein Gesicht niemandem zufällig, sondern war in einem wunderbaren Palast eingehegt, dessen Dächer mit dem Weiß des Elfenbeins, dem Licht des Silbers, den Flammen des Goldes und dem Glanz des Bernsteins strahlten. Immer neue Schwellen gab es, eine vor der anderen: Die Außentüren verteidigten die Innentüren, Eisentüren und Wände von unnachgiebiger Festigkeit. Vor den Türen übten starke Männer und königliche Leibwächter sorgfältige Aufsicht aus, die sich mit ausgelosten Wachschichten abwechselten. Unter ihnen bestand auch eine Trennung der Funktionen: Im königlichen Gefolge gab es einige für sich, die Waffen trugen, andere bewachten die einzelnen Orte; es gab Wächter der Türen und Wächter der Vorhöfe. Unter ihnen wurden einige dann »Ohren des Königs« und »Augen des Feldherrn« genannt. Dank dieser verschiedenen Arten von Aufgaben wurde dieser König von allen als Gott angesehen, denn aus den Berichten seiner Informanten erfuhr er alles, was an jedem Ort geschah. Er hatte Schatzmeister, Abgabeneintreiber und Steuerbeauftrage; andere waren für die restlichen Positionen ernannt worden: Einige waren mit der Zuständigkeit für die Jagd betraut worden, andere wurden im Rang von Präfekten von Palast und Stadt gehalten, wieder andere mit ständigen und wichtigen Rollen mussten bestimmte Einzeldinge überwachen. Das asiatische Königreich als Ganzes grenzte im Westen an den Hellespontos[G], während im Osten der Stamm der Inder[G] begann; Anführer und Satrapen wurden überall eingesetzt und die Sklaven des Königs über das ganze Gebiet verstreut. Von ihrer Zahl kamen Tag und Nacht Kuriere, Spione, Boten und Leute, die stets die Lichter am Leuchten zu halten hatten; diese Lichter, die von ihnen an allen höchsten Orten des Königreichs angezündet waren, informierten den König an einem einzigen Tag über das, was zu wissen nötig war.

(27) igitur regnum illud ita componi oportet cum mundi aula, ut inter se comparantur summus atque exsuperantissimus divum et homo ignavus et pessimus. quod si cui viro vel cuilibet regi indecorum est per semetipsum procurare omnia, quae perficere <vult>, multo magis deo inconveniens erit. quare sic putandum est eum maxime <dignitatem> maiestatemque retinere, si ipse in solio residat altissimo, eas autem potestates per omnes partes mundi orbisque dispendat, quae sint penes solem ac lunam cunctumque caelum; horum enim cura salutem terrenorum omnium gubernari. nec multis opus est nec † partitis hominum conservationem, quibus propter ignaviam appositum est pluribus indigere.

an non eiusmodi compendio machinatores fabricarum astutia unius conversionis multa et varia pariter administrant? en! etiam illi, qui in ligneolis hominum figuris gestus movent, quando filum membri, quod agitari volent, traxerint, torquebitur cervix, nutabit caput, oculi vibrabunt, manus ad ministerium praesto erunt nec invenuste totus videbitur vivere.

haud secus etiam caelestis potestas cum initium sciente et salutifera opera moverit, ab imo ad secundum et deinceps ad proximum et usque ad supremum attactu continuo vim suae maiestatis insinuat, aliud alio commovetur motusque unius alteri movendi se originem tradit.

(Ap 27) Es ist daher richtig, dieses Königreich mit dem Hof der Welt zu vergleichen, und zwar nach dem gleichen Kriterium, mit dem die Höchsten und Ausgezeichnetsten der Götter und die Schwachen und Unterlegenen miteinander verglichen werden. Wenn es unpassend ist, dass sich ein Mann oder ein König, wie auch immer er sein mag, persönlich um alles kümmert, was er tun will, ist ein solches Verhalten umso mehr für einen Gott ungeeignet. Deshalb ist es notwendig zu denken, dass er seine Würde und Majestät in höchstem Maß bewahrt, vorausgesetzt, er sitzt fest auf seinem erhabenen Thron und verteilt seine Kräfte auf alle Teile der Welt – Kräfte, die der Sonne, dem Mond und dem ganzen Himmel anvertraut sind. Ihre Aufgabe ist es in der Tat, alles, was es auf der Erde gibt, zu leiten und zu bewahren. Dazu bedarf es nicht einer Vielzahl und der Beibehaltung von mit verteilten Aufgaben betrauten Dienern (?), wie es bei denen der Fall ist, die aufgrund ihrer Trägheit gezwungen sind, viele zu benötigen.

Ist es nicht dank solcher Einsparungen möglich, dass die Hersteller von Mechanismen mit einer einzigen pfiffigen Drehbewegung viele und vielfältige Prozesse gleichermaßen gut steuern können? Siehe: Wenn diejenigen, welche bei Holzfiguren von Menschen die Gesten bewegen, den Faden des Körperteils, das sie beleben wollen, gezogen haben, wird sich der Hals drehen, der Kopf wird nicken, die Augenlider werden zwinkern, die Hände werden für ihre Aufgaben bereit sein, und das Ganze wird einen angenehmen Eindruck von einem lebenden Menschen vermitteln.

Nicht anders bringt die himmlische Kraft, die einmal den ersten Impuls mit wissender und heilbringender Mühe gegeben hat, die Kraft ihrer Majestät vom niedrigsten Grad zum zweiten, dann zum nächsten Grad und schließlich zum höchsten Punkt; eines wird vom anderen bewegt und die Bewegung der einen wird auch für die andere Ursache ihrer Bewegung.

mundo equidem consentiunt non una sed diversa via et plerumque contraria.

(28) sed prima remissione ad motum data simplicique inchoato principio impulsibus mutuis, ut supra dictum est, moventur quidem omnia, sed ita ut, si quis sphaeram et quadratum et cylindrum et alias figuras per proclive simul iaciat, deferentur quidem omnia, sed non eodem genere movebuntur. nec illud dissimile exemplum videri oportet, si quis pariter patefacto gremio animalis simul abire patiatur, volucrum, natatilium atque terrestrium; enimvero ad suum locum quaeque duce natura properabunt: pars aquam repetent, illa inter cicures atque agrestes legibus et institutis suis adgregabuntur, ibunt per aeris vias praepetes, quibus hoc natura largita est; atquin una ab uno sinu abeundi facultas concessa omnibus fuerat.

(29) sic natura mundi est constituta. nam cum omne caelum simplici circumactu volvatur nocte diuque distinctum, diversis mensurarum aequalitatibus separatum, quamvis una omnia sphaera concluserit, incrementis tamen globi sui, decisione luminis menstrua tempora luna significat et caeli spatium sol annua reversione collustrat eiusque comites amoenus Lucifer et com[mun]is Cyllenius. stella etenim Pyroïs, Mavortium sidus, circuli sui biennio conficit spatia; Iovis clarum fulgensque sexies eadem multiplicat cursibus suis tempora, quae Saturnus sublimior

Mit der Welt allerdings stimmen sie nicht in einer einzigen Weise überein, sondern auf unterschiedlichen und häufig gegensätzlichen Wegen.

(Ap 28) Wenn sie aber einmal zur Bewegung freigelassen worden sind und der Anfangs-Impuls gegeben ist, bewegen sich durch gegenseitige Stöße – wie oben gesagt (s. o. Ap 27) – alle, doch es ist, wie wenn jemand eine Kugel, einen Würfel, einen Zylinder und andere Gestalten gleichzeitig auf eine geneigte Ebene wirft: Alle werden nach unten gebracht, aber ihre Bewegungen werden nicht von der gleichen Art sein. Auch jene nicht unähnliche Beispiele zu betrachten bietet sich an: Wenn jemand den Bausch (eines Gewandes) auf einmal öffnet und auf diese Weise Tieren erlaubt, sich gleichzeitig zu entfernen – Tieren, die fliegen, schwimmen oder Landtiere sind –, wird jedes von ihnen, von der Natur geführt, genau auf den jeweils eigenen Platz eilen: Ein Teil wird das Wasser aufsuchen, jene aber werden sich zwischen die zahmen Ackertiere mit ihren Gesetzen und Gebräuchen gesellen und diejenigen flugs die Luftwege durcheilen, denen dies von der Natur gegeben ist – und dies, wo ihnen allen aus einem Bausch die eine Möglichkeit des Fortgehens gegeben worden war.

(Ap 29) So ist die Natur der Welt bestellt, denn während der ganze Himmel sich mit einfacher Bewegung dreht mit Unterscheidung von Tag und Nacht, ist er durch verschiedene, aber gleichartige Maße getrennt; obwohl ihn eine einzige Sphäre abschließt, markiert der Mond durch die Vergrößerung seiner Kugel oder die Verringerung seiner Leuchtkraft die Monatszeiten und es erleuchten den Himmelsraum mit dem Jahresumlauf die Sonne und ihre Begleiter, der liebliche Lucifer und der Begleiter Cyllenius (= Mercurius[M]). Freilich hat der Stern Pyroïs, der Stern des Mavors (= Mars[M]), eine zweijährige Umlaufzeit, der brillante und leuchtende Stern des Iuppiter[M] multipliziert diese Periode in seiner Umlaufzeit

triginta spatiis annorum circumerrat. verum inter haec una mundi conversio unusque reversionis est orbis et unus concentus atque unus stellarum chorus ex diversis occasibus ortibusque. hoc ornamentum et <vel>ut monile κόσμος rectissime Graeca lingua significat.

at enim ut in choris, cum dux [carmini] hymno praecinit, concinentium vulgus virorum et feminarum, mixtis gravibus et acutis clamoribus, unam harmoniam resonant, sic divina mens mundanas varietates ad instar unius concentionis relevat. nam cum caelum confixum vaporatis et radiantibus stellis inerranti cursu feratur et reciprocis itineribus astra consurgant, sol quidem omnituens ortu suo diem pandit, occasu noctem reducit conditusque vel relatus per plagas mundi quattuor temporum vices mutat.

hinc tempestivi imbres et spiritus haud infecundi, hinc alimenta roris, et cetera quae accidere deus his mundi mediis partibus voluit. his appositi sunt torrentium cursus et tumores undarum emicationesque silvarum, frugalis maturitas, fetus animalium, educationes etiam atque obitus singulorum.

mit sechs, während der höher gelegene Saturnus[M] seinen Umlauf in einem Zeitraum von 30 Jahren vollendet. Aber selbst bei all dem gibt es nur eine Drehbewegung in der Welt, nur eine Umlaufbahn, die zum Ausgangspunkt zurückführt, nur eine Harmonie, nur einen Reigen der Sterne, bestimmt durch die unterschiedlichen Zeiten ihres Aufstiegs und ihrer Einstellung. Dieser Schmuck zeigt wie eine Halskette sehr richtig in griechischer Sprache *kosmos* (Schmuck, Ordnung).

Wie in den Chören, wenn der Chorführer im Hymnus vorgesungen hat, die Gruppe von Männern und Frauen, die den Chor selbst bilden und die Basstöne mit den hohen verschmelzen, eine einzige Harmonie erklingen lässt, so beseitigt der göttliche Verstand die Dissonanzen, die es in der Welt gibt, genau wie in einem einzigen Konzert. Während der Himmel, der von brennenden und hellen Sternen gesäumt wird, in eine nie abweichende Umlaufbahn gezogen wird und die Sterne auf ihren Wegen immer wieder zu dem Punkt zurückkehren, von dem aus sie aufgehen, öffnet die allsehende Sonne, wenn sie aufgeht, das Licht, wenn sie untergeht, führt sie die Nacht zurück und bestimmt – versteckt oder wieder erschienen – in allen vier Bereichen der Welt den Wechsel der vier Jahreszeiten.

So entstehen die jahreszeitlichen Regenfälle und fruchtbaren Winde, die Erfrischung des Taues und die anderen Phänomene, die Gott in diesem mittleren Teil der Welt geschehen lassen wollte. Dazu kommen die Bachläufe, das Anschwellen der Wellen, das Hervorkommen des Laubes, das Reifen der Pflanzen, die Fortpflanzung der Tiere, die Entwicklung und der Tod jedes einzelnen von ihnen.

(30) cum igitur rex omnium et pater, quem tantummodo animae oculis nostrae cogitationes vident, machinam omnem iugiter per circuitum suis legibus terminatam, claram et sideribus relucentem speciesque innumeras modo propalam, saepe contectas ab uno, ut supra dixi, principio agitari iubet, simile istuc esse bellicis rebus hinc liceat arbitrari.

nam cum tuba bellicum cecinit, milites clangore incensi alius accingitur gladio, alius clipeum capit, ille lorica se induit, hic galea caput vel crura ocreis involvit et equum temperat frenis et iugales ad concordiam copulat; et protinus unusquisque competens capessit officium: velites excursionem adornant, ordinibus principes curant, equites cornibus praesunt, ceteri negotia quae nacti sunt agitant, cum interea unius ducis imperio tantus exercitus paret, quem praefecerit, penes quem est summa rerum. non aliter divinarum et humanarum rerum status regitur, quando uno moderamine contenta omnia pensum sui operis agnoscunt curatque omnibus occulta vis nullis oculis obvia, nisi quibus mens aciem suae lucis intendit.

(31) nec tamen hoc vel illi ad moliendum vel nobis ad intelligendum obest. de inferiore licet imagine capiamus exempla. anima in homine non videtur et tamen fateantur omnes necesse est huius opera omnia, quae per hominem praeclara fiunt, provenire

(Ap 30) Wenn also der König und Vater aller Dinge, den nur unsere Gedanken durch die Augen der Seele sehen, befiehlt, dass die ganze Mechanik fortwährend durch ihren Umlauf – durch ihre Gesetze begrenzt, durch ihre Gestirne hell glänzend und sich durch ihre unzähligen Erscheinungsformen bald offen zeigend, bald verborgen halten – durch ein einziges Prinzip in Bewegung versetzt werde, wie ich oben gesagt habe (s. o. Ap 27), so mag es erlaubt sein zu meinen, es verhalte sich damit ganz ähnlich wie mit dem Kriegswesen.

Wenn nämlich die Tuba das Kriegslied hat erklingen lassen, werden die Soldaten durch den Ton erregt; der eine umgürtet sich mit dem Schwert, ein anderer packt den Schild, ein anderer legt die Rüstung an, wieder ein anderer bedeckt seinen Kopf mit dem Helm und die Beine mit den Beinschienen, schirrt die Pferde an und spannt die Joche an. Sogleich übernimmt jeder jeweils die Rolle, die ihm zusteht: Die Leichtbewaffneten bereiten einen Überfall vor, die Anführer stellen die Ränge auf, die Reiter nehmen vor den Flügeln Aufstellung und auch die anderen führen die ihnen zugewiesenen Aufgaben aus. Ein so großes Heer gehorcht dem Befehl eines einzigen Anführers, den es sich vorgesetzt hat und bei dem der Oberbefehl liegt. Nicht anders wird auch der Zustand der göttlichen und menschlichen Dinge gelenkt: Wenn sie sich mit einer Führung begnügt haben, erkennen alle Dinge ihre jeweiligen Aufgabe und um alles kümmert sich eine verbogenen Kraft, die keinen Augen ersichtlich ist, wenn nicht der Geist die Schärfe seines Lichts darauf richtet.

(Ap 31) Dies hindert jedoch weder jenen (= Gott) in seinem Handeln noch uns in unserem Erkennen. Wollen wir zum Vergleich Beispiele aus einem niedrigeren Bereich wählen! Die Seele im Menschen ist unsichtbar, doch müssen alle zugestehen, dass durch ihr Wirken alles hervorgeht, was an Großartigem durch

nec ipsius animae qualitatem ac figuram oculis occurrere, sed momentis ab ea gestorum intellegi qualis et quanta sit. omne quippe humanae vitae praesidium ingenio eius est paratum: cultus agrorum ususque frugum, artificum sollertia, proventus artium, commoditates vitae humanae. quid de legibus dicam, quae ad mansuefaciendos homines inventae sunt? quid de civilibus institutis ac moribus, qui nunc populorum otiosis conventibus frequentantur et, asperitate bellorum pacata, mitigantur quiete? nisi forte tam iniustus rerum aestimator potest esse, qui haec eadem de deo neget, quem videat esse viribus exsuperantissimis, augustissima specie, immortalis aevi, genitorem virtutum ipsamque virtutem. unde nihil mirum est, si mortales oculi non capiunt eius adspectum, quando divinorum operum vestigiis sit perspicuus atque manifestus.

(32) ceterum ea, quae vel caelo accidere oculis advertimus et terra et aqua fieri, dei etiam illa credenda sunt. quidni? [dee] verum eius cui tutela mundi huius et cura est, de quo Empedocles prudenter his verbis sensit:

πάνθ' ὅσα τ' ἦν, ὅσα τ' ἔσθ', ὅσα τ' ἔσται ὀπίσσω
δένδρεά τ' ἐβλάστησε καὶ ἀνέρες ἠδὲ γυναῖκες,
θῆρες τ' οἰωνοί τε, καὶ ὑδατοθρέμμονες ἰχθῦς.

den Menschen geschieht, und dass Eigenart und Gestalt der Seele selbst sich nicht den Augen zeigen, dass aber aufgrund der Bedeutung der von ihr vollbrachten Taten durch die Vernunft erkannt werden kann, von welcher Art und Größe sie ist. Alles, was das menschliche Leben sichert, ist nämlich durch ihren Erfindungsgeist geschaffen worden: der Ackerbau und der Genuss der Feldfrüchte, die Fähigkeiten der Künstler, die Erzeugnisse der Künste, die Annehmlichkeiten des menschlichen Lebens. Was soll ich von den Gesetzen sprechen, die zur Zähmung der Menschen erfunden worden sind? Was über die bürgerlichen Einrichtungen und Sitten, die jetzt durch häufige friedliche Zusammenkünfte der Völker genutzt und nach dem friedlichen Ende der grausamen Kriege durch den Frieden noch weiter kultiviert werden? Es müsste jemand schon ein sehr ungerechter Einschätzer der Dinge sein, der eben dies über Gott leugnet, der doch, wie er sieht, von unübertrefflicher Kraft ist, von erhabenster Gestalt, von ewiger Dauer ist, der Schöpfer der Tugenden und die Tugend selbst. Daher ist es nicht verwunderlich, wenn die Augen der Menschen seinen Anblick auch dann nicht fassen, wenn er doch durch die Spuren seiner göttlichen Werke offenbar und klar erkennbar ist.

(Ap 32) Im Übrigen müssen wir annehmen, dass alle jene Dinge, die wir mit unseren Augen am Himmel geschehen und auf der Erde und im Wasser entstehen sehen, ebenfalls Werke Gottes sind. Wie auch nicht? Sie sind ja wirklich Werke dessen, dem der Schutz und die Fürsorge dieser Welt obliegt, über die sich Empedokles klug in folgenden Worten geäußert hat:

> Alles, was war, und alles, was ist und was künftig noch sein wird,
> Bäume wuchsen durch ihn und ebenso Männer und Frauen,
> Tiere der Erde und Vögel der Luft und die Fische im Wasser.
> (Empedokles 31 B 21, 9–11)

Phidian illum, quem fictorem probum fuisse tradit memoria, vidi ipse in clipeo Minervae, quae arcibus Atheniensibus praesidet, oris sui similitudinem colligasse ita ut, si quis olim artificis voluisset exinde imaginem separare, soluta compage simulacri totius incolumitas interiret. ad hoc instar mundi salutem tuetur deus, aptam et revi<n>ctam sui numinis potestate.

(33) huius locum si quaerimus, neque infimus est terrae contagionibus nec tamen medius in aere turbido, verum in mundano fastigio, quem Graeci οὐρανὸν recte vocant, ut qui sit altitudinis finis. <ὄλυμπον> etiam idem illa ratione eum nominant, quem ab omni fuscitate ac perturbatione vident liberum; neque enim caliginem nubium recipit vel pruinas et nives sustinet nec pulsatur ventis nec imbribus caeditur. haec enim nec Olympo, qui est celsitudinis summae, contingere poeta his verbis cecinit:

> Οὔλυμπόνδ᾽ ὅθι φασὶ θεῶν ἕδος ἀσφαλὲς αἰεὶ
> ἔμμεναι· οὔτ᾽ ἀνέμοισι τινάσσεται οὔτε ποτ᾽ ὄμβρῳ
> δεύεται οὔτε χιὼν ἐπιπίλναται, ἀλλὰ μάλ᾽ αἴθρη
> πέπταται ἀννέφελος, λευκὴ δ᾽ ἐπιδέδρομεν αἴγλη.

hanc opinionem communis mos et hominum observationes secutae affirmant superiora esse deo tradita. namque habitus orantium sic est ut manibus extensis <ad> caelum precemur. Romanus etiam poeta sic sensit:

Jener Phidias[H], den die Überlieferung als tüchtigen Bildhauer nennt, hat, wie ich selbst gesehen habe, auf dem Schild der Minerva (Athena[H]), welche die athenische Burg (Akropolis[H]) bewacht, eine Abbildung seiner selbst in der Weise eingefügt, dass wenn man jemals das Bildnis des Künstlers daraus entfernen wollte, das Gefüge sich auflösen und die Unversehrtheit des ganzen Standbildes vernichtet würde. In ähnlicher Weise wacht auch Gott über das Heil der Welt, das an sein göttliches Wirken gebunden und geknüpft ist.

(Ap 33) Wenn wir nach seinem Ort fragen, befindet er sich weder in unmittelbarer Nähe der verderblichen Einflüsse der Erde noch in der Mitte in der stürmisch bewegten Luft, sondern auf dem Gipfel der Welt, den die Griechen mit Recht *Ouranos* (»Himmel«) nennen, weil er die Grenze jeglicher Höhe bildet. Aus diesem Grund nennen jene ihn auch *Olympos* (»Olymp«), der, wie sie sehen, von jeglichem Dunkel und jeglicher Unruhe frei ist. Er erfährt nämlich weder die Dunkelheit der Wolken noch erträgt er Reif und Schnee noch wird er von Winden erschüttert noch von Regengüssen getroffen. Dass dies nämlich auch dem Olympos nicht zustößt, dem die größte Höhe zu eigen ist, hat der Dichter mit folgenden Worten besungen:

> Auf zum hohen Olymp, der Götter ewigem Wohnsitz,
> sagen sie, den kein Sturm erschüttert, nimmer ein Regen
> feuchtet, nie der Schnee bedeckt; beständige Heitre
> wölbt sich ohne Gewölk und deckt ihn mit schimmernder Helle.
> (Homer, *Odyssee* 6,42–45)

Diese Lehre stimmt mit der gemeinsamen Dafürhalten und den Ergebnissen menschlicher Beobachtungen überein: Sie bestätigen, dass übergeordnete Räume Gott anvertraut sind. In der Tat, wenn wir beten, versetzen wir uns in die Haltung derjenigen, die ihre Hände zum Himmel ausstrecken. Das ist auch das, was der römische Dichter ausdrücken wollte:

aspice hoc sublime candens, quem invocant omnes Iovem.

unde illa, quae videntur suntque omnibus praestantiora, easdem sublimitates regionum tenent, astra caelestia et mundi lumina; ac merito illis ordine licet perpetuo frui nec diversis spatiis et temporibus observantissimam legem suorum aliquando itinerum mentiuntur.

(34) terrena omnia mutationes et conversiones, postremo interitus habent. namque immodicis tremoribus terrarum dissiluisse humum et interceptas urbes cum populis saepe cognovimus. audimus etiam abruptis imbribus prolutas esse totas regiones; illas etiam, quae prius fuerint continentes, hospitibus atque advenis fluctibus insulatas, alias desidia maris pedestri accessu pervias factas. quid? qui ventis et procellis civitates eversas esse meminerunt? quid? cum incendia de nubibus emicarunt? cum orientis regiones Phaethontis ruina, ut quidam putant, conflagratae perierunt? in occidentis plagis scaturrigines quaedam ac proluviones easdem strages dederunt?

sic ex Aetnae verticibus quondam effusis crateribus divino incendio per declivia torrentis vice flammarum flumina cucurrerunt. in quo periculi vertice egregium pietatis meritum fuisse cognovimus. namque eos qui, principio fragoris territi, sensum tamen clementiae misericordiaeque retinebant et grandaevos parentes ereptos volucri clade suis cervicibus sustinebant, illa flammarum fluenta divino separata discidio, quasi duo flumina ex uno fonte

Sieh dir dieses leuchtende Hohe an, Iuppiter, den alle anrufen.
(Ennius, *Trag. Frg.* 134)

Deshalb besetzen jene, die alle zu überragen scheinen und es auch tun, dieselben sehr hohen Räume: die himmlischen Sterne und die Lichter der Welt; zu Recht kommt es ihnen zu, eine ewige Ordnung zu genießen; sie versagen nie mit Veränderungen von Wegen und Perioden an dem unverletzlichen Gesetz ihrer Bahnen.

(Ap 34) Alles Irdische ist Veränderungen, Verwandlungen und schließlich der Zerstörung unterworfen. In der Tat haben wir oft gehört, dass der Boden durch riesige Erdbeben aufgebrochen wurde, die ganze Städte mit all ihren Bewohnern verschwinden ließen. Wir wissen auch, dass ganze Regionen von Regenfällen überflutet wurden; Land, das früher Festland war, ist durch das Eindringen der Meere zu Inseln geworden, während andere Gebiete durch die Absenkung des Meeres auch für diejenigen zugänglich geworden sind, die zu Fuß gehen. Was? Wer erinnert sich noch an die Städte, die von Winden und Stürmen niedergeschlagen wurden? Was? Als Feuer aus den Wolken hervorsprangen? Als die östlichen Regionen durch den Sturz von Phaëton[M], wie einige glauben, brennend untergingen? Und in den westlichen Regionen plötzliche Wasserschwalle und Überläufe die gleichen Verwüstungen verursachten?

So strömten einmal von den Gipfeln des Ätna[G], als sich durch das göttliche Feuer die Krater geöffnet hatten, Feuerflüsse wie Bäche entlang der Hänge. In dieser äußersten Gefahr wissen wir, dass es eine hervorragende Belohnung für Elternliebe (*pietas*) gab. Diejenigen nämlich, die vom Beginn des Getöses erschreckt waren, behielten dennoch den Sinn für Milde und Mitleid und entrissen ihre alten Eltern aus diesem raschen Katastrophe auf ihren Nacken, als jene Flammenströme auf göttlichen Entschluss geteilt wurden wie

manantia, locum illum ambire maluerunt obsidione innocenti, ubi erant boni baiuli religiosis sarcinis occupati.

(35) postremo, quod est in triremi gubernator, in curru rector, praecentor in choris, lex in urbe, dux in exercitu, hoc est in mundo deus, nisi quod ceteris aerumnosum et multiplex et curarum innumerabilium videtur esse hoc ipsum, alicuius officii principem fieri, deo vero nec tristis nec onerosa est imperii sui cura. namque immobilis circumfert et regit cuncta[s], naturas formasque diversis regionibus commovens, ut est lex civitatis semel promulgata, perpetuis observationum rationibus fixa: ipsa quidem immutabilis, at eius arbitrio parentium mentes agitantur nutuque eius et dominatione flectuntur:

ex scitis eius magistratus tribunalia, principia milites frequentabunt, recuperatores iudiciis praesidebunt, decuriones et quibus ius est dicendae sententiae ad consessum publicum commeabunt; et alius ad Minuciam frumentatum venit et aliis in iudiciis dies dicitur; reus purgandi se necessitate, insectandi studio accusator venit; ille moriturus ad supplicii locum ducitur, hic ad convivii repotia et vespertinus comisator adventat. sunt et publicarum epularum apparatus et lectisternia deorum et dies festi, ludi scaenici ludique Circenses; diis sacrificatur, geniis ministratur, obitis libatione profunditur aliusque alio fungitur

zwei Ströme aus derselben Quelle und lieber um jenen Ort in einer unschuldigen Belagerung herumliefen, wo die beiden guten Träger mit ihrer frommen Fracht beschäftigt waren.

(Ap 35) Schließlich: Was auf dem Dreiruderer der Steuermann, auf dem Wagen der Lenker, im Chor der Vorsänger, in der Stadt das Gesetz, im Heer der Anführer, das ist in der Welt Gott, nur mit dem Unterschied, dass eben dies (das Leitungsamt) für alle übrigen mühsam, vielfältig und voller Sorgen ist, für Gott aber seine Sorge um seinen Herrschaftsbereich weder unerfreulich noch belastend ist. Selbst unbewegt führt er nämlich alles im Kreis und lenkt es, indem er Naturen und Formen in den verschiedenen Regionen in Bewegung setzt, so wie das Gesetz einer Bürgerschaft (*civitas*), das einmal erlassen und aufgrund des ununterbrochenen Prinzips seiner Einhaltung festgelegt ist, selbst zwar unbeweglich ist, die Sinne der ihm gehorchenden Menschen aber nach seinem Willen in ihrem Tun geleitet werden und sich seiner Weisung und Herrschaft beugen.

Nach seinen Beschlüssen werden Magistrate die Tribunale und Soldaten die *Principia* (Hauptquartiere) aufsuchen, Richter bei Verhandlungen vorsitzen, Dekurionen und diejenigen, die das Recht des Gerichtsspruches haben, zur öffentlichen Versammlung zusammenkommen; einer kommt zur (Porticus) Minucia[G] für die Getreideverteilung, anderen wird in Gerichtsverhandlungen ein Termin gesetzt. Ein Angeklagter kommt aus der Notwendigkeit, sich zu rechtfertigen, zum Zweck der Anklage der Richter; jener wird als Todgeweihter zum Ort der Hinrichtung geführt, dieser kommt zur Nachfeier eines Gelages und als abendlicher Zechkumpan. Es gibt auch die Vorbereitungen öffentlicher Speisungen, die Göttermahlzeiten und Festtage, die szenischen und die Circus-Spiele; den Göttern wird geopfert, den Genien dargebracht, den Verstorbenen eine Trankspende ausgegossen – kurz: Der eine führt diese Aufgabe aus, der andere jene, und alle gehorchen den Befeh-

munere parentque omnes iussis legum et communis imperii. videasque illam civitatem pariter spirantem Panchaeis odoribus et graveolentibus caenis, resonantem hymnis et carminibus et canticis, eandem etiam lamentis et ploratibus heiulantem.

(36) ad hunc modum res agi et in mundo aestimemus; lex illa vergens ad aequitatis tenorem sit deus nulla indigens correctione mutabili. quippe sic et mundi universitas regitur, dum speculatur ad omnia rector eius atque immutabiliter incumbit spargiturque vis illa seminibus inclusa per naturas omnium speciesque et genera digesta. sic faciles vitium lapsus et palmarum ardua, persicorum rubor, levitas mali gignitur, dulcitas fici; et quae infelicia propter infecunditatem vocamus, tamen utilia sunt alio pacto: platani, ut ait poeta, umbras potantibus ministrantes et acuta pinus et rasiles buxi, odora laurus, cupressorum odoratius lignum; tandem omnium animalium agrestium et cicurum, pinnatarum et pedestrium et aquatilium natura gignitur, nutritur, absumitur parens caelestibus institutis: πᾶν γὰρ ἑρπετὸν πληγῇ νέμεται, ut Heraclitus ait.

len der Gesetze und des gemeinsamen Oberbefehls (vgl. Lucretius, *De rerum natura* 2,417). Man mag jene Stadt gleichermaßen mit panchaeischen[G] Düften und übelriechendem Dreck wahrnehmen, erklingend mit Hymnen, Liedern und Gesängen, dieselbe aber auch mit Klagen und Seufzen jammernd.

(Ap 36) Auf diese Weise, so wollen wir meinen, wird die Sache auch in der Welt betrieben; jenes Gesetz, das auf den Fortbestand von Recht und Billigkeit aus ist, soll Gott sein, der keine veränderliche Form der Berichtigung nötig hat. Auch die Gesamtheit der Welt wird ja in diesem Sinne gelenkt, solange ihr Lenker auf alles sein Augenmerk richtet und sich unverändert für alles einsetzt und jene in den Samen eingeschlossene und auf alle Wesen, Arten und Gattungen verteilte Kraft sich ausbreitet. Auf diese Weise entstehen die leichte Neigung der Weinranken, die ragenden Höhen der Palmen, die Röte der Pfirsiche, die Glätte des Apfels, die Süße der Feige: Selbst das, was wir aufgrund seiner Unfruchtbarkeit als unergiebig bezeichnen, ist doch auf andere Weise nützlich: die Platanen, die, wie der Dichter (Vergilius, *Georgica* 4,146) sagt, den Zechern Schatten bieten, die stachelige Pinie, die glatten Buchsbäume, der duftende Lorbeer, das noch stärker duftende Holz der Zypressen, schließlich die Natur aller wilden und zahmen Lebewesen, der geflügelten Tiere, der Lauftiere und der Wassertiere. Sie entsteht, nährt sich und vergeht, gehorsam den Anweisungen des Himmels, denn es wird »alles, was da kreucht, von einem Geißelschlag gehütet«, wie Herakleitos (22 B 11) sagt.

(37) et cum sit unus, pluribus nominibus cietur <propter> specierum multitudinem, quarum diversitate fit multiformis vis. idem ab iuvando Iuppiter Dios, quem Ζῆνα Graeci, quod vitae nostrae auctor sit, rectissime appellant. Saturnum etiam illi Κρόνον quasi χρόνον quendam, incoeptum ab origine, interminum ad finem tempus appellant. fulgurator et tonitrualis et fulminator, etiam imbricitor et item dicitur serenator; et plures eum frugiferum vocant, multi urbis custodem, alii hospitalem, amicalem et omnium officiorum nominibus appellant. est militaris, est triumphator et propagator, tropaeophorus; et multo plura eiusmodi apud haruspices et Romanos veteres inveneris

Orpheus vero hanc effari potestatem volens, his de eo verbis canit:

Ζεὺς πρῶτος γένετο, Ζεὺς ὕστατος, ἀρχικέραυνος·
Ζεὺς κεφαλή, Ζεὺς μέσσα· Διὸς δ᾽ ἐκ πάντα τέτυκται.
Ζεὺς πυθμὴν γαίης τε καὶ οὐρανοῦ ἀστερόεντος.
Ζεὺς ἄρσην γένετο, Ζεὺς ἄμβροτος ἔπλετο νύμφη.
Ζεὺς πνοιὴ πάντων, Ζεὺς ἀκαμάτου πυρὸς ὁρμή.
Ζεὺς πόντου ῥίζα, Ζεὺς ἥλιος ἠδὲ σελήνη.
Ζεὺς βασιλεύς, Ζεὺς ἀρχὸς ἁπάντων, ἀρχικέραυνος·
πάντας γὰρ κρύψας αὖθις φάος ἐς πολυγηθές
ἐξ ἱερῆς κραδίης ἀνενέγκατο μέρμερα ῥέζων.

Schluss

(Ap 37) [Ar 7] Und während er *Einer* ist, wird er doch unter vielen Namen genannt wegen der Vielheit seiner Erscheinungsformen, durch deren Unterschiedlichkeit er zu einer Kraft in vielen Formen wird. So heißt er nach dem Helfen (*iuvare*) *Iuppiter* von Zeus (Genitiv *Dios*), den die Griechen sehr richtig als *Zen* (»Leben«) bezeichnen, weil er Urheber unseres Lebens ist. Den *Saturnus* bezeichnen auch jene als *Kronos* wie einen gewissen *Chronos* (»Zeit«), begonnen vom Ursprung, unbegrenzt bis zum Ende. *Fulgurator* (»Glänzender«) und *Tonitrualis* (»Donnerer«) und *Fulminator* (»Blitzender«), auch *Imbricitor* (»Regenspender«) und ebenso *Serenator* (»Aufheiterer«) wird er genannt; und einige nennen ihn *Frugiferus* (»Frucht-Bringer«), viele *Urbis Custos* (»Schützer der Stadt«), andere *Hospitalis* (»Gast-Schützer)«, *Amicalis* (»Freundes-Schützer«) und mit den Namen aller seiner Funktionen. Er ist *Miliaris* (»Heer-Schützer«), *Triumphator*, *Propagator* (»Erweiterer«) und *Tropaeophorus* (»Siegesmal-Bringer«); viel mehr Namen dieser Art kann man bei den Priestern und den alten Römern finden.

Orpheus aber, der diese Macht aussprechen will, singt davon mit folgenden Worten:

> Zeus ist der erste und Zeus ist der letzte, der Herrscher des Donners,
> Zeus ist Haupt, Zeus Mitte, aus Zeus ist alles geschaffen.
> Zeus ist der Erde Grund und auch des sternfunkelnden Himmels,
> Zeus ist Mann und Zeus ist auch unsterbliches Mädchen,
> Zeus ist der Windhauch durchs All, Zeus Andrang rastlosen Feuers,
> Zeus ist Wurzel des Meers, Zeus Sonne und Leuchte des Mondes.
> Zeus ist Herr, Zeus König von Allem, im Glanz des Blitzstrahls;
> Alles ja birgt er in sich und bringt es zum heiteren Lichte
> wieder empor aus der Reine des Hauptes, wundersam wirkend.
> (*Orphika Frg.* 31)

(38) fatum autem Graeci εἱμαρμένην a tractu quodam invicem causarum se continentium volunt dici; decretum idem πεπρωμένην dicunt, quod omnia in hoc statu rerum definita sint nec sit in hoc mundo aliquid interminatum; idem fatum μοῖραν vocant, quod ex partibus constet; hinc νέμεσιν, quod unicuique attributio sua sit adscripta. ἀδράστεια denique <est> ineffugibilis necessitas ultionis. sed tria fata sunt, numerus cum ratione temporis faciens, si potestatem earum ad eiusdem similitudinem temporis referas. nam quod in fuso perfectum est praeteriti temporis habet speciem, et quod torquetur in digitis momenti praesentis indicat spatia, et quod nondum ex colo tractum est subactumque cura digitorum, id futuri et consequentis saeculi posteriora videtur ostendere.

haec illis condicio; et nominum eiusdem proprietate contingit, ut sit Atropos praeteriti temporis fatum, quod ne deus quidem faciet infectum; futuri temporis Lachesis a fine cognominata, quod etiam illis, quae futura sunt, finem suum deus dederit. Clotho praesentis temporis habet curam, ut ipsis actionibus suadeat, ne cura sollers rebus omnibus desit. Deum vero ire per omnes

terrasque <tractusque maris caelumque profundum>

non frustra arbitrabitur, qui audiet Platonis haec verba:

(Ap 38) Dass das *Fatum* (Schicksal) aber *Heimarmene* nach einem bestimmten gegenseitigen Zug der sich in ihm haltenden Gründe genannt werde, wollen die Griechen; die Bestimmung nennen dieselben *Pepromene*, weil in diesem Stand der Dinge alles fest begrenzt und nichts in dieser Welt unbegrenzt ist, und dieselben bezeichnen das *Fatum* als *Moira*, weil es aus Teilen besteht, und von daher *Nemesis*, weil einem jeden sein Teil zugeteilt ist. *Adrasteia* schließlich ist die unentfliehbare Notwendigkeit der Rache. Es gibt aber drei *Fata*, wobei sich die Zahl nach dem Verhältnis der Zeit ergibt, wenn man sich auf deren Macht im Bezug auf die Ähnlichkeit zu eben dieser Zeit bezieht: Teils nämlich ist der Faden der Spindel bereits aufgearbeitet, teils dreht er sich gegenwärtig in den Fingern und zeigt so den Zeitraum an, und was noch nicht vom Rocken gezogen und der Sorgfalt der Finger unterworfen ist, das scheint das Künftige der Zukunft und des kommenden Jahrhunderts zu zeigen.

Das ist ihre Situation, und es zeigt sich in der Eigenart ihrer Namen: Da ist *Atropos*, das *Fatum* der vergangenen Zeit, weil nicht einmal Gott es ungeschehen machen kann; für die künftige Zeit ist *Lachesis* nach dem Ende benannt, weil auch bei all dem, was künftig sein wird, Gott sein Ende gegeben hat. *Klotho* schließlich hat die Sorge für die Gegenwart, so dass sie durch ihre eigenen Taten nahelegt, dass allen Dingen nicht die geschickte Sorgfalt fehlt. Dass aber Gott durch alles geht,

> durch Länder, Meeresregionen und den tiefen Himmel,
> (Vergilius, *Georgica* 4,222)

hat man nicht vergebens gemeint, wenn man folgende Worte des Platon[L] hört:

»deus namque, sicut vetus,« inquit, »continet ratio, principia et fines et media rerum omnium penetrat, quae illustrat et curru volucri superfertur; eundem deum ultrix Necessitas semper et ubique comitatur, eorum, qui a sacra lege discesserint, vindex futura, quam faciet ille mitificam, qui statim a tenero et ipsis incunabulis intellexit, extimuit eique se totum dedit atque permisit.«.

»Der Gott also, der – wie das alte Prinzip lautet – Anfang und Ende und Mitte aller Dinge durchdringt, die er erleuchtet und mit raschem Lauf durchschreitet; eben diesen Gott begleitet als Rächerin die *Necessitas* (Notwendigkeit) immer und überall, um eine Sühnerin zu werden, wie jener sie milde macht, der sofort vom zarten Alter an und noch in den Windeln verstanden hat, glaubte und sich ihm ganz gab und es ihm zu gestand.« (Platon, *Gesetze* 4, 715e–716a; vgl. *Phaidros* 246e).

ANHANG

AULUS GELLIUS

Noctes Atticae 2,22: de vento »Iapyge« deque aliorum ventorum vocabulis regionibusque accepta ex Favorini sermonibus.

(1) apud mensam Favorini in convivio familiari legi solitu erat aut vetus carmen melici poetae aut historia partim Graecae linguae, alias Latinae. (2) legebatur ergo ibi tunc in carmine Latino Iapyx ventus quaesitumque est, quis hic ventus et quibus ex locis spiraret et quae tam infrequentis vocabuli ratio esset; atque etiam petebamus, ut super ceterorum nominibus regionibusque docere nos ipse vellet, quia vulgo neque de appellationibus eorum neque de finibus neque de numero conveniret.

(3) tum Favorinus ita fabulatus est: »satis« inquit »notum est limites regionesque esse caeli quattuor: exortum, occasum, meridiem, septentriones. (4) exortus et occasus mobilia et varia sunt, meridies septentrionesque statu perpetuo stant et manent. (5) oritur enim sol non indidem semper, sed aut »aequinoctialis« oriens dicitur, cum in circulo currit, qui appellatur ἰσημερινός, aut »solstitialis«, quae sunt θεριναὶ τροπαί, aut »brumalis«, quae sunt χειμεριναὶ τροπαί. (6) item cadit sol non in eundem semper locum.

AULUS GELLIUS

Noctes Atticae 2,22: Über den Wind *Iapyx* und die Benennungen und Regionen anderer Winde, übernommen aus den Reden des Favorinus.

(1) Am Tisch des Favorinus beim vertrauten Gelage wurde entweder ein altes Gedicht von einem lyrischen Dichter gelesen oder eine Geschichte, teils in griechischer, sonst in lateinischer Sprache. (2) So kam nun auch einmal in einem lateinischen Gedicht der Wind *Iapyx* vor; da wurde gefragt, was das für ein Wind sei, aus welchen Gegenden er wehe und was wohl der Ursprung und die Bedeutung dieser so seltenen Benennung sei. Deshalb baten wir Favorinus, dass er uns über die Namen und Regionen der noch übrigen Winde belehren wolle, weil man sich gewöhnlich weder über ihre Bezeichnungen noch über ihre Gebiete noch über ihre Anzahl einig sei.

(3) Daraufhin sprach Favorinus wie folgt: »Es ist hinlänglich bekannt, dass es vier Grenzlinien und Himmelsregionen gibt: Aufgang, Untergang, Mittag, *Septentriones*. (4) Aufgang und Untergang sind veränderlich und verschieden, Mittag und *Septentriones* stehen unverrückt und bleiben in ihrer beständigen Stellung und Lage. (5) Es geht nämlich die Sonne nicht immer an ein und derselben Stelle auf; vielmehr wird der Aufgang entweder *Aequinoctialis* genannt, wenn er auf der Kreisbahn läuft, die als *Is-hemerinos* (der Tagundnachtgleiche zugehörig) bezeichnet wird, oder *Solstitialis*, was die Sommersonnenwende betrifft, oder *Brumalis*, was die Wintersonnenwende betrifft. (6) Ebenso geht die Sonne auch nicht immer an derselben Stelle unter. Es geschieht nämlich

fit enim similiter occasus eius aut »aequinoctialis« aut »solstitialis« aut »brumalis«.

(7) qui ventus igitur ab oriente verno, id est aequinoctiali, venit, nominatur »eurus« ficto vocabulo, ut isti ἐτυμολογικοί aiunt, ὁ ἀπὸ τῆς ἠοῦς ῥέων. (8) is alio quoque a Graecis nomine ἀφηλιώτης, Romanis nauticis »subsolanus« cognominatur.

(9) sed qui ab aestiva et solstitiali orientis meta venit, Latine »aquilo«, βορέας Graece dicitur, eumque propterea quidam dicunt ab Homero αἰθρηγενέτην appellatum; boream autem putant dictum ἀπὸ τῆς βοῆς, quoniam sit violenti flatus et sonori.

(10) tertius ventus, qui ab oriente hiberno spirat – »volturnum« Romani vocant –, eum plerique Graeci mixto nomine, quod inter notum et eurum sit, εὐρόνοτον appellant. (11) hi sunt igitur tres venti orientales: »aquilo«, »volturnus«, »eurus«, quorum medius eurus est.

(12) his oppositi et contrarii sunt alii tres occidui: »caurus«, quem solent Graeci <appellare> ἀργεστήν: is adversus aquilonem flat; item alter »favonius«, qui Graece ζέφυρος vocatur: is adversus eurum flat; tertius »Africus«, qui Graece λίψ: <is> adversus volturnum

in ähnlicher Weise ihr Untergang entweder *Aequinoctialis* oder *Solstitialis* oder *Brumalis*.

(7) Der Wind nun, der von der Seite des Frühjahrs-Sonnenaufgangs kommt, also zur Zeit der Tagundnachtgleiche, wird *Eurus* (Ostwind) genannt, und zwar mit einer Benennung, die – wie die Etymologen sagen – gebildet worden ist aus *ho apo tes eous rheon* (»der vom Morgen herströmt«). (8) Dieser wird von den Griechen auch mit einem anderen Namen *Apheliotes* (»der vom Sonnenaufgang kommt«), bei den römischen Seeleuten *Subsolanus* genannt.

(9) Der (Wind) aber, der von der Gegend aus weht, die der Aufgangspunkt der Sonne zur Sommersonnenwende ist, wird lateinisch als *Aquilo*, griechisch als *Boreas* (Nordwind) bezeichnet; er sei deshalb, wie einige sagen, von Homer *Aithregenetes* (»im Aither erzeugt«) genannt worden. Man glaubt, dass er den Namen *Boreas* erhalten hat *apo tes boes* (»von dem Tosen«), also wegen seines heftigen, heulenden Wehens.

(10) Der dritte Wind, der zur Zeit der Wintersonnenwende vom Sonnenaufgang her weht – *Volturnus* nennen ihn die Römer –, diesen also bezeichneten viele Griechen mit einem zusammengesetzten Namen, da er zwischen dem *Notus* und dem *Eurus* weht, als *Eurynotos*. (11) Diese also sind die drei Winde vom Aufgang (Osten) her: *Aquilo*, *Volturnus* und *Eurus*, deren mittlerer der *Eurus* ist.

(12) Diesen entgegengesetzt und gegenüberliegend gibt es drei andere westlichen Winde: *Caurus* (Nordwestwind), den die Griechen gewöhnlich als *Argestes* bezeichnen; dieser weht dem *Aquilo* entgegen; ebenso als zweiter *Favonius*, der griechisch *Zephyros* (Westwind) genannt wird; dieser weht dem *Eurus* (Ostwind) entgegen; als dritter der *Africus*, der griechisch *Lips* (Regenwind,

facit. (13) hae duae regiones caeli orientis occidentisque inter sese adversae sex habere ventos videntur.

(14) meridies autem, quoniam certo atque fixo limite est, unum meridialem ventum habet: is Latine »auster«, Graece νότος nominatur, quoniam est nebulosus atque umectus; νοτίς enim Graece umor nominatur. (15) septentriones autem habent ob eandem causam unum. is obiectus derectusque in austrum, Latine »septentrionarius«, Graece ἀπαρκτίας appellatus.

(16) ex his octo ventis alii quattuor ventos detrahunt atque id facere se dicunt Homero auctore, qui solos quattuor ventos noverit: eurum, austrum, aquilonem, favonium, (17) a quattuor caeli partibus, quas quasi primas nominavimus, oriente scilicet atque occidente latioribus atque simplicibus, non tripertitis. (18) partim autem sunt, qui pro octo duodecim faciant tertios quattuor in media loca inserentes circum meridiem <et> septentriones eadem ratione, qua secundi quattuor intersiti sunt inter primores duos apud orientem occidentemque.

(19) sunt porro alia quaedam nomina quasi peculiarium ventorum, quae incolae in suis quisque regionibus fecerunt aut ex locorum vocabulis, in quibus colunt, <aut> ex alia qua causa, quae ad faciendum vocabulum acciderat. (20) nostri namque Galli ventum

Südwestwind) genannt wird; dieser weht dem *Volturnus* entgegen. (13) Es scheinen also diese beiden einander entgegengesetzten Himmelsregionen des Ostens und des Westens sechs Winde zu haben.

(14) Die Mittags-Seite (Süden) aber, die stets ihre feste, bestimmte Grenzlinie beibehält, hat nur einen Wind, den »mittägigen«; dieser heißt lateinisch *Auster* (Südwind), griechisch *Notos*, weil er neblig und feucht ist; Feuchtigkeit heißt nämlich auf griechisch *notis*. (15) Die *Septentriones* (Norden) aber haben aus demselben Grund (ebenfalls) nur einen einzigen Wind. Dieser weht in die Gegenrichtung des *Auster* und wird lateinisch als *Septentrionarius* (Nordwind), griechisch als *Aparktias* (»vom Arktos/Bären her«) bezeichnet.

(16) Von diesen acht Winden ziehen einige vier ab und sagen, sie täten dies nach dem Vorbild des Homer (*Odyssee* 5,295–296 und 331), der auch nur vier Winde gekannt und angenommen hat: *Eurus* (Ostwind), *Auster* (Südwind), *Aquilo* (Nordwind) und *Favonius* (Westwind), (17) die aus den vier Himmelsregionen wehen, die wir gleichsam als erste genannt haben; es seien nämlich Osten und Westen zwar breiter, aber einfach, nicht dreigeteilt. (18) Teils gibt es auch Leute, die statt dieser acht Winde zwölf annehmen, indem sie die dritten vier in die Mitte um Mittag und *Septentriones* herum einschalten, und zwar auf eben dieselbe Weise, wie die zweiten vier zwischen die ersten beiden bei Morgen (Osten) und Abend (Western) eingefügt worden sind.

(19) Außerdem gibt es noch bestimmte andere Namen besonderer Winde, welche die Bewohner in ihren jeweils eigenen Gegenden geschaffen haben, entweder aus den Benennungen der Orte, an denen sie siedelten, oder aus einem anderen Grund, der sich zufällig bei der Vergabe der Benennung anbot. (20) So nennen ja

ex sua terra flantem, quem saevissimum patiuntur, »circium« appellant a turbine, opinor, eius ac vertigine; (21) <ex> Ἰαπυγίας ipsius ore proficiscentem quasi sinibus Apuli eodem, quo ipsi sunt, nomine »Iapygem« dicunt. (22) eum esse propemodum caurum existimo; nam et est occidentalis et videtur exadversum eurum flare. (23) itaque Vergilius Cleopatram e navali proelio in Aegyptum fugientem vento »Iapyge« ferri ait, ecum quoque Apulum eodem, quo ventum, vocabulo »Iapygem« appellavit.

(24) est etiam ventus nomine καικίας, quem Aristoteles ita flare dicit, ut nubes non procul propellat, sed ut ad sese vocet, ex quo versum istum proverbialem factum ait:

ἕλκων ἐφ' αὑτὸν ὥσ<τε> καικίας νέφος.

(25) praeter hos autem, quos dixi, sunt alii plurifariam venti commenticii et suae quisque regionis indigenae, ut est Horatianus quoque ille »atabulus«, quos ipsos quoque executurus fui; addidissemque eos, qui »etesiae« et »prodromi« appellitantur, qui certo tempore anni, cum canis oritur, ex alia atque alia parte caeli spirant, rationesque omnium vocabulorum, quoniam plus

unsere Gallier (in der Gallia Narbonensis) den Wind, der aus ihrem Land her weht und den sie selbst als den wildesten erdulden, *Circius* nach seiner Drehung, meine ich, und seinem Wirbeln. (21) Den (Wind), der vom Mund Iapygias[G] selbst, also gleichsam von den Buchten ausgeht, nennen die Apulier mit demselben Namen, mit dem sie selbst bezeichnet werden, *Iapyx*. (22) Ich meine, dass er etwa der *Caurus* (Nordwestwind) ist; er ist nämlich ein westlicher Wind und scheint dem *Eurus* gegenüber zu wehen. (23) Daher sagt Vergilius (*Aeneis* 8,709), dass Kleopatra, die aus der Seeschlacht (bei Actium in Westgriechenland) nach Ägypten floh, vom *Iapyx*-Wind getrieben wurde; auch hat er (*Aeneis* 11,678) ein apulisches Pferd nach dem Gebiet, aus dem es gekommen (Wortspiel *ventum*: »gekommen« und »Wind«) ist, mit der Benennung *Iapyx* bezeichnet.

(24) Nun gibt es auch noch einen Wind namens *Kaikias*, von dem Aristoteles (*Meteorologie* 364b13) sagt, er wehe so, dass er die Wolken nicht vor sich hertreibe, sondern zu sich ziehe, wonach jener Vers sprichwörtlich geworden sei:

> An sich ziehend, so wie der *Kaikias* die Wolke.
> (vgl. Diogenianos, *Sprichwörter* 4.66)

(25) Außer den von mir bereits angeführten gibt es noch vielfach andere, neu erfundene Winde; jeder ist mit seiner Gegend verwachsen, wie dies auch der von Horatius (*Satiren* 1,5,78) genannte *Atabulus* (Scirocco) ist. Eigentlich wollte ich diese selbst der Reihe nach durchgehen; gerne hätte ich auch noch diejenigen hinzugefügt, die als *Etesiae* und *Prodromi* bezeichnet werden und zu einer bestimmten Jahreszeit, wenn der Hundsstern (Sirius) am Himmel erscheint (Anfang Juli), einmal aus dieser und dann aus einer anderen Himmelsregion wehen; auch würde ich die Bedeutung aller Benennungen, weil ich gerade mehr als ein wenig beschwingt bin,

paulo adbibi, effutissem, nisi multa iam prosus omnibus vobis reticentibus verba fecissem, quasi fieret a me ἀκρόασις ἐπιδεικτική.

(26) in convivio autem frequenti loqui solum unum neque honestum est« inquit »neque commodum.«

(27) haec nobis Favorinus in eo, quo dixi, tempore apud mensam suam summa cum elegantia verborum totiusque sermonis comitate atque gratia denarravit. (28) sed quod ait ventum, qui ex terra Gallia flaret, »circium« appellari, M. Cato in libris Originum eum ventum »cercium« dicit, non »circium«. (29) nam cum de Hispanis scriberet, qui citra Hiberum colunt, verba haec posuit: »set in his regionibus ferrareae, argentifodinae pulcherrimae, mons ex sale mero magnus; quantum demas, tantum adcrescit. ventus cercius, cum loquare, buccam implet, armatum hominem, plaustrum oneratum percellit.«

darlegen, wenn ich nicht, während ihr alle im Schweigen verharrt habt, schon viel zu viel Worte gemacht hätte, als gebe es von mir eine (dem Hörgenuss dienende) epideiktische Vorlesung.

(26) Bei einem gut besuchten Gelage aber ist es weder schicklich noch höflich, wenn nur einer redet,« sagte er.

(27) Diese Erörterung gab uns Favorinus in der Zeit, die ich genannt habe, an seinem Tisch mit höchster Eleganz der Worte und mit der Höflichkeit und Anmut seiner ganzen Unterhaltung. (28) Wenn er aber sagt, dass der Wind, der aus dem Land Gallien her weht, als *Circius* bezeichnet werde, so nennt Marcus (Porcius) Cato in den Büchern seiner *Origines* (FRH 53 F 5,2) diesen Wind *Cercius*, nicht *Circius*. (29) Als er nämlich über die Hispanier schrieb, die diesseits des Hiberus (Ebro) siedeln, setzte er folgende Worte: »Es gibt aber in diesen Gegenden die herrlichsten Eisenbergwerke und Silbergruben, einen großen Berg aus lauterem Salz; je mehr man wegnimmt, desto größer wächst er. Der Wind *Cercius* bläst, wenn man spricht, die Backen auf und wirft einen bewaffneten Mann und einen beladenen Wagen um.«

LITERATURHINWEISE

Editionen und Übersetzungen

Aristoteles

Bekker, Imanuel: Aristoteles Graece, Bd. 1. Berlin 1831, 291–400 (die Zählung nach den Seiten und den Spalten a bzw. b dieser Ausgabe ist seither üblich und deshalb auch hier eingetragen)

Furley, David J.: Aristotle. On the Cosmos, in: Forster, Edward S. / Furley, David J.: Aristotle. On Sophistical Refutations [etc.] (Loeb Classical Library 400). Cambridge, Mass. 1955

Gohlke, Paul: Aristoteles. An König Alexander über die Welt (Aristoteles Lehrschriften). Paderborn 1949

Lorimer, William Laughton: Aristotelis qui fertur libellus De mundo (Nouvelle collection de textes et documents). Paris 1933 (maßgebliche Edition, hier zugrundegelegt)

Martín, José Pablo / Alesso, Marta: Sobre el mundo de Pseudo Aristóteles, in: Circe de clásicos y modernos 14, 2010, 182–201 (www.scielo.org.ar/pdf/circe/v14n2/v14n2a05.pdf)

Reale, Giovanni: Aristotele. Trattato sul cosmo per Alessandro. Napoli 1974

– / Bos, Abraham C.: Il trattato Sul cosmo per Alessandro attribuito ad Aristotele. 2Milano 1995

Schönberger, Otto: Aristoteles. Über die Welt. Stuttgart 1991

Strohm, Hans: Meteorologie. Über die Welt (Aristoteles, Werke in deutscher Übersetzung 12). Berlin 1970

Thom, Johan C. u. a.: Cosmic Order and Divine Power. Pseudo-Aristotle, On the Cosmos (SAPERE 23). Tübingen 2014

Apuleius

Bajoni, Maria Grazia: Apuleio. De mundo. Pordenone 1991

Beaujeu, Jean: Apuleius. Opuscules philosophiques. Paris 1973

Moreschini, Claudio: Apulei Platonici Madaurensis Opera quae supersunt, Bd. 3: De Philosophia Libri (Bibliotheca Teubneriana). Stuttgart 1991 (maßgebliche Edition, hier zugrundegelegt)

Andere genannte Werke und Zeugnisse

Apuleius, *Metamorphoses:* Der goldene Esel. Lat.-dt. v. Edward Brand, Wilhelm Ehlers und Niklas Holzberg. ^{6}Berlin 2012; *Verteidigungsrede / Blütenlese*. Lat.-dt. v. Rudolf Helm, Berlin 1977; *Herbarius:* Lat.-dt. v. Kai Brodersen. Wiesbaden 2015

Aristoteles, *Meteorologie:* Dt. v. Hans Strohm (Aristoteles, Werke in deutscher Übersetzung 12) Berlin 1970

Augustinus, *De civitate Dei:* Vom Gottesstaat. Dt. v. Carl Andresen und Wilhelm Thimme. 2 Bde. Zürich und München 1955–1956 u. ö.

Cato, *Origines*: Die frühen römischen Historiker (FRH), Bd. 1. Lat.-dt. v. Hans Beck und Uwe Walter (Texte zur Forschung 76). Darmstadt 2001

Diogenes Laërtios, *Leben und Lehre der Philosophen:* Dt. v. Fritz Jürß. Stuttgart 1998

Diogenianos, *Sprichwörter:* Corpus Paroemiographorum Graecorum, Bd. 1. Griech. v. Ernst Ludwig von Leutsch / Friedrich Wilhelm Schneidewin. Göttingen 1839, 177–320

Empedokles, *Fragmente:* Die Vorsokratiker. Griech.-dt. v. Laura Gemelli Marciano, Bd. 2. Düsseldorf 2007, ^{3}Berlin 2013

Ennius, *Tragödien:* Fragmentary Republican Latin, Bd. 2. Lat.-engl. v. Sander M. Goldberg und Gesine Manuwald. Cambridge, Mass. 2018

Euripides, *Medeia:* Sämtliche Tragödien. Griech.-dt. v. Ernst Buschor, hg. v. Gustav Adolf Seeck, Bd. 1. München 1973

Gellius, *Noctes Atticae:* Lat. v. Peter K. Marshall. 2 Bde. Oxford 1968 (maßgebliche Ausgabe, hier zugrundegelegt); Die attischen Nächte. Dt. v. Fritz Weiß. 2 Bde. Leipzig 1875–1876

Herakleitos, *Fragmente:* Die Vorsokratiker. Griech.-dt. v. Laura Gemelli Marciano, Bd. 1. Düsseldorf 2007

Homer, *Ilias* und *Odyssee:* Werke in zwei Bänden. Dt. v. Dietrich Ebener. Berlin und Weimar 1971

Inschrift für Apuleius aus Madaura: Inscriptions Latines de l'Algérie, Bd. I: Inscriptions de la Proconsulaire, hg. v. Stéphane Gsell. Paris 1922 (Nachdruck Rom 1965)

Johannes Philoponos, *De aeternitate mundi:* Über die Ewigkeit der Welt. Griech.-dt. v. Clemens Scholten (Fontes Christiani 64). 5 Bde. Turnhout 2009–2011

Lucretius, *De rerum natura:* Die Welt aus Atomen. Lat.-dt. v. Karl Büchner. Stuttgart 1973 u. ö.

Orphica: Poetae Epici Graeci, Pars 2: Orphicorum et Orphicis similium testimonia et fragmenta. Griech. v. Albert Bernabé. Bd. 1. München 2004

Platon: Werke in 8 Bänden. Griech.-dt. v. Günther Eigler u. a. Darmstadt 1990 u. ö.

Proklos, *Kommentare zu Platons Timaios*: Griech. v. Ernst Diehl. 3 Bde. Leipzig 1903–1906

Sallustius, *Iugurtha*: Werke. Lat.-dt. v. Thorsten Burkard. Darmstadt 2012

Sophokles: Werke in 2 Bänden. Dtt. v. Dietrich Ebener. Berlin und Weimar 1995

Strabon, *Geographika:* Griech.-dt. v. Stefan Radt. 10 Bde. Göttingen 2002–2011

Vergilius, *Aeneis:* Lat.-dt. v. Niklas Holzberg. Berlin 2015; *Bucolica, Georgica:* Hirtengedichte, Landwirtschaft. Lat.-dt. v. Niklas Holzberg. Berlin 2016

Studien

zu Aristoteles

Andolfo, Matteo: La storia degli influssi del De mundo sino al terzo secolo dell'era cristiana, in: Rivista di filosofia neo-scolastica 89 (1997) 82–125

Betegh, Gábor: Multiple Analogy in Ps.-Aristotle, De mundo 6, in: Classical Quarterly N. S. 64 (2014) 574–591

Boot, Pieter: An Indication for the Date of the Pseudo-Aristotelian Treatise De mundo, in: Mnemosyne 34 (1981) 139–140

Bos, Abraham P.: Supplementary Notes on the De mundo, in: Hermes 119 (1991) 312–332

Breytenbach, Cilliers (Hg.): Paul's Graeco-Roman Context. Leuven 2015 (darin du Toit und Thom)

Burri, Renate: The Geography of De mundo, in: Thom 2014, 89–106

Capelle, Wilhelm: Die Schrift von der Welt. Ein Beitrag zur griechischen Popularphilosophie, in: Neue Jahrbücher für das Klassische Altertum 8 (1905) 529–568

Cataudella, Michele R.: Aristotele e la paternità del De mundo. Aspetti del pensiero geografico (3,392b), in: Ἕρκος. Studi in onore di Franco Sartori. Padova 2003, 63–71

Chandler, Clive: Didactic Purpose and Discursive Strategies in On the Cosmos, in: Thom 2014, 69–88

Daiber, Hans: Possible Echoes of De mundo in the Arabic-Islamic World: Christian, Islamic and Jewish Thinkers, in: Thom 2014, 169–180

Dihle, Albrecht: Die Geographie der Schrift vom Kosmos, in: Geographia antiqua 6 (1997) 5–12

du Toit, David S.: Δύναμις εἰς σωτηρίαν. Röm 1,16 und Pseudo-Aristoteles De mundo 6, 398 b 6-10 im Horizont antiker Diskurse über Entstehung, Bedrohung und Erhaltung der Welt, in: Breytenbach 2015, 457–470

Franke-Klein, Felix: Die Überlieferung der ältesten arabischen Handschrift von Pseudo-Aristoteles De mundo, in: Le Muséon 87 (1974) 59–65

Geus, Klaus / Dan, Anca: Ein „vielteiliges" Meer? Der Pontos Euxeinos in Pseudo-Aristoteles, De mundo, 393a31, in: Mediterraneo Antico 21, 2018, 399-416

Gohlke, Paul: Aristoteles an Alexander über die Welt, in: Neue Jahrbücher für Wissenschaft und Jugendbildung 12 (1936) 323–335

Kraye, Jill: Disputes over the Authorship of De mundo between Humanism and Altertumswissenschaft, in: Thom 2014, 181–198

Kupreeva, Inna: Aristoteles und der Peripatos in der Kaiserzeit (inkl. Ps.-Aristoteles De Mundo), in: Riedweg, Christoph / Horn, Christoph / Wyrwa, Dietmar (Hgg.): Philosophie der Kaiserzeit und der Spätantike (Die Philosophie der Antike 5.1). Basel 2018, 257–302

Lorimer, William Laughton: The Text Tradition of Pseudo-Aristotle De mundo. Oxford 1927

Mansfeld, Jaap: Two Attributions, in: Classical Quarterly N. S. 41 (1991) 541–544

Marcovich, Miroslav: Textual Criticism, in: Harlfinger, Dieter (Hg.): Φιλοφρόνημα. Festschrift für Martin Sicherl zum 75. Geburtstag. Paderborn 1990, 19–26

Martín, José Pablo: Sobre el autor del tratado De mundo en la historia del aristotelismo, in: Méthexis 11 (1998) 103–111

Onnasch, Ernst-Otto: Die Aitherlehre in De mundo und ihre Aristotelizität, in: Hermes 124 (1996) 170–191

Rego, Thomas: Los nombres que significan mundo en Aristóteles, in: Anales de Filología Clásica 28 (2015) 49–66

Rota, Gualtiero: Sismologia e medicina in Giovanni Lido. La tassonomia sismica di Ost. 53, in: Sileno 41 (2015) 363–386

– Le cause dei terremoti in De Ostentis 53. Le fonti della sismologia di Giovanni Lido, in: Koinonia 39 (2015) 493–519

Sanz Morales, Manuel: Las citas homéricas contenidas en el tratado De mundo, atribuido a Aristóteles, prueba de su inautenticidad, in: Vichiana 4 (1993) 38–47

Schenkeveld, Dirk M.: Language and Style of the Aristotelian De mundo in Relation to the Question of its Inauthenticity, in: Elenchos 12 (1991) 221–255

Schwindt, Rainer: Das Weltbild des Epheserbriefes. Eine religionsgeschichtlich-exegetische Studie (Wissenschaftliche Untersuchungen zum Neuen Testament 148). Tübingen 2002 (spez. 221–226 zu Aristoteles, 238–244 zu Apuleius)

Smith, Andrew: The Reception of On the Cosmos in Ancient Pagan Philosophy, in: Thom 2014, 121–132

Stern, Sámuel Miklós: The Arabic translations of the Pseudo-Aristotelian Treatise De mundo, in: Le Muséon 77 (1964) 187–204

– A Third Arabic Translation of the Pseudo-Aristotelian Treatise De mundo, in: Le Muséon 78 (1965) 381–393

Strohm, Hans: Studien zur Schrift von der Welt, in: Museum Helveticum 9 (1952) 137–175

– Ps. Aristoteles De mundo und Theilers Poseidonios, in: Wiener Studien 100 (1987) 69–84

Takahashi, Hidemi: Syriac and Arabic Transmission of On the Cosmos, in: Thom 2014, 153–168

Teixidor, Javier: Antiquités sémitiques, in: Annuaire du Collège de France 96 (1995–1996) 761–771 (zur syrischen Übersetzung)

Thom, Johan C. u. a.: Cosmic Order and Divine Power. Pseudo-Aristotle, On the Cosmos (SAPERE 23). Tübingen 2014 (darin u. a. Burri, Chandler, Daiber, Kraye, Smith, Takahashi und Tzvetkova-Glaser)

– Paul and Popular Philosophy, in: Breytenbach 2015, 47–74

Tzvetkova-Glaser, Anna: The Concepts of οὐσία and δύναμις in De mundo and Their Parallels in Hellenistic-Jewish and Christian Texts, in: Thom 2014, 133–152

Valdevit, Rosamaria: Note sulla teologia dello scritto pseudo-aristotelico De mundo, in: Studi Italiani di Filologia Classica 3. S. 4 (1986) 29–41

Vítek, Tomás: Heraclitus, fr. B 11 D-K, in: La Parola del Passato 58.332 (2003) 356–371

Zoumpos, Anastasios N.: Zu Aristoteles De mundo 5.396b7, in: Platon 17 (1965) 223

zu Apuleius

Bajoni, Maria Grazia: Aspetti linguistici e letterari del De mundo di Apuleio, in: Haase, Wolfgang (Hg.): Aufstieg und Niedergang der römischen Welt, Bd. II 34,2. Berlin und New York 1994, 1785–1832

– L'itinerario conoscitivo nella praefatio del De mundo apuleiano, in: Habis 35 (2004) 313–317

Bonadeo, Alessia: Irides et Arcus. La formazione dell'arcobaleno nel De mundo di Apuleio, in: Rendiconti dell'Istituto Lombardo 134 (2000) 429–444

Daniélou, Jean: Novatien et le De mundo d'Apulée, in: den Boer, Willem u. a. (Hgg.): Romanitas et Christianitas. Studia I. H. Waszink. Amsterdam 1973, 71–80

Dillon, John: The Middle Platonists. Ithaca NY 1977, ^{2}1996 (spez. 307–309)

Dörrie, Heinrich / Baltes, Matthias / Pietsch, Christian / Lakmann, Marie-Luise: Die philosophische Lehre des Platonismus. Theologia Platonica. Bausteine 182–205. (Der Platonismus in der Antike VII 1). Stuttgart-Bad Cannstatt 2008 (spez. 182–205 und 549–571 Baustein 202.1)

Finamore, John F.: Apuleius on the Platonic Gods, in: Tarrant, Harold A. S. / Baltzly, Dirk C. (Hgg.): Reading Plato in Antiquity. London 2006, 33–48

Harrison, Stephen: Apuleius. A Latin Sophist. Oxford 2000, spez. 174–209 (spez. Kap. 5)

Hijmans jr., Benjamin Lodewijk: Apuleius, Philosophus Platonicus, in: Haase, Wolfgang (Hg.): Aufstieg und Niedergang der Römischen Welt, Bd. II 36.1. Berlin und New York 1987, 395–475

Holmes, Nigel: False Quantities in Vegetius and Others, in: Classical Quarterly N. S. 57 (2007) 668–686

Hunink, Vincent: Apuleius, qui nobis Afris Afer est notior. Augustine's Polemic against Apuleius in De Civitate Dei, in: Scholia N. S. 12, 2003, 82–95

Iannucci, Alessandro: Heraclitus lugens in Apuleio. Osservazioni ad Apul. Mund. 335, in: Sileno 30 (2004) 191–197

Klibansky, Raymond / Regen, Frank: Die Handschriften der philosophischen Werke des Apuleius. Ein Beitrag zur Überlieferungsgeschichte (Abhandlungen der Akademie der Wissenschaften zu Göttingen, Philologisch-Historische Klasse, 3. F. 204). Göttingen 1993

La Rocca, Adolfo: Apuleio e gli ἐκκλησιασταί, in: Mari, Manuela / Thornton, John (Hgg.): Parole in movimento. Linguaggio politico e lessico storiografico nel mondo ellenistico. Atti del Convegno internazionale (Roma, febbraio 2011). Pisa 2013, 207–219

Lévi, Nicolas: La chronologie de la vie et de l'œuvre d'Apulée: essai de synthèse et nouvelles hypothèses, in: Latomus 73 (2014) 693–720

Magnaldi, Giuseppina / Stefani, Matteo: Antiche correzioni e integrazioni nel testo tràdito del De mundo di Apuleio, in: Lexis 34 (2016) 329–346

Marchetta, Antonio: L'autenticità apuleiana del De mundo (Collana di filologia classica 6). Roma 1991

– Apuleio traduttore, in: La langue latine, langue de la philosophie. Actes du colloque organisé par l'Ecole française de Rome

avec le concours de l'Université de Rome La sapienza. Roma 1992, 203–218

Moreschini, Claudio: Apuleius and the Metamorphoses of Platonism (Nutrix 10). Turnhout 2014

Müller, Siegfried: Das Verhältnis von Apuleius De mundo zu seiner Vorlage (Philologus Suppl. 32.2). Leipzig 1939

Novák, Robert: Zu den philosophischen Schriften des Apuleius, in: Wiener Studien 33 (1911) 100–136

Píni, Francesco: Alcune varianti del De mundo di Apuleio, in: Studi in onore di Aristide Colonna. Perugia 1982, 231–233

Redfors, Josef: Echtheitskritische Untersuchungen der apuleischen Schriften De Platone und De mundo. Lund 1960

Regen, Frank: Apuleius philosophus Platonicus: Untersuchungen zur Apologie (De magia) und zu De mundo. Berlin 1971

Stefani, Matteo: Il contributo del ms. Vat. Reg. lat. 1572 (R) alla constitutio textus di Apul., Mund., 369 e 372, in: Rivista di Cultura Classica e Medioevale 59 (2017) 343–356

Stover, Justin / Kestemont, Mike: Reassessing the Apuleian Corpus. A Computational Approach to Authenticity, in: Classical Quarterly N. S. 66 (2016) 645–672

REGISTER

30-Day Journey
with Dietrich Bonhoeffer

Compiled and Edited by Joshua Mauldin

Fortress Press
Minneapolis

30-DAY JOURNEY WITH DIETRICH BONHOEFFER

Cover design: Paul Soupiset
Interior design: Paul Soupiset
Typesetting: Jessica Ess, Hillspring Books

Print ISBN: 978-1-5064-5109-1
eBook ISBN: 978-1-5064-5110-7

The paper used in this publication meets the minimum requirements of American National Standard for Information Sciences — Permanence of Paper for Printed Library Materials, ANSI Z329.48-1984.

Manufactured in the U.S.A.

Contents

Where the world denies justice, Christians will practice compassion; where it hides behind lies, they will speak out for those who cannot speak, and testify for the truth. For the sake of brothers or sisters—be they Jew or Greek, slave or free, strong or weak, of noble or of common birth—Christians will renounce all community with the world, for they serve the community of the body of Jesus Christ. Being a part of this community, Christians cannot remain hidden from the world. They have been called out of the world and follow Christ.

—Dietrich Bonhoeffer, *Discipleship*

Introduction

More than seventy years after his death in 1945, Dietrich Bonhoeffer's witness to the power of Christian faith continues to inspire, both inside and outside the walls of the church. Whether we think of his pastoral work during the German church struggle, his leadership of an underground seminary in a remote area of northern Germany, or his clandestine activities against the Nazi regime, which led to his death, Bonhoeffer exemplifies what it means to live out one's faith in the world. He has been hailed as a modern martyr, as one who paid the ultimate price for the courage of his convictions.

In addition to this dramatic biography, Bonhoeffer left behind a rich legacy of theological writings, authoring a remarkable number of books and essays in his short and active life, amid the most turbulent of circumstances. Bonhoeffer's complete works in English (translated from the original German) run to some seventeen volumes. This book excerpts but a fraction of this massive literary heritage. We will spend thirty days dipping into Bonhoeffer's writings, beginning with some of his earlier pastoral works and concluding with reflections he penned in prison in the final months before his death. We embark on a journey with Bonhoeffer, walking alongside his courageous path of faith.

Dietrich Bonhoeffer was born in 1906 in Breslau, Germany (now Wroclaw, Poland). His father, Karl Bonhoeffer, a prominent psychiatrist, moved the family in 1912 to Berlin, where Dietrich would spend his formative years. When Dietrich was twelve years old, his older brother Walter was killed in the First World War. His death deeply affected Bonhoeffer's large family. At a young age, Bonhoeffer announced to his parents and siblings his intention to become a pastor, a rather unusual decision for the son of a highly educated, not very religious psychiatrist in worldly Berlin. Nonetheless, Bonhoeffer proceeded with his plan, eventually earning a doctorate in theology at the University of Berlin in 1927 at the age of twenty-one.

After completing his studies, Bonhoeffer served as a pastor in 1928–1929 in a German congregation in Barcelona. He returned to Germany in February 1929 and began work on his postdoctoral dissertation, which would become the book *Act and Being*. What came next would be one of the most formative experiences of Bonhoeffer's life: he traveled to the United States in 1930 for a year of study at Union Theological Seminary in New York City. Although Bonhoeffer was not all that impressed with the Union Seminary curriculum, which he thought prioritized social issues at the expense of theological reflection, he cultivated important friendships during his year in New York, including with Frank Fisher, an African American